テレワークで部下を育てる

Training Through Telework
A Guide for New Bosses

新しい上司の教科書

片桐あい
Katagiri Ai

青春出版社

テレワークでは部下の育成は難しいと思っているあなたへ

人を育てるには隣について指導し、やらせてみて、ほめて、叱って、できないことをできるようにするのがベストだと思ってきた人もいることでしょう。

しかし、テレワークを導入し、新しい働き方のひとつとして取り組むことが求められているいま、何をどこからはじめたらいいのか迷っている人も多いと思います。本書ではそうした部下・後輩の育成に悩んでいる人に向けてお伝えします。

「マネージャー職に就きたいですか？」と研修などで参加者によく聞きますが、マネジメントに魅力をあまり感じていない人たちが多いという印象を受けます。

自分の上司を見ていて、あれほど大変だったらマネージャー職には就きたくはないと、もうすぐマネージャーになるような中堅どころの人たちが口をそろえて言うのです。これはとても残念なことだと思います。

なぜ、マネージャーたちは大変なのでしょうか。もちろん、仕事をたくさん抱えているので、余裕がないということもあるでしょう。けれども、そうした日々の忙しさ以上に、部下の育成が追いついていないから大変なのです。

そもそも、なぜあなたがマネージャー職に就いているかというと、答えは簡単で、チームで一番仕事ができる人だからです。仕事で成果を上げてきたからこそ、マネージャー職、管理職にならないかと上司からオファーを受けて、そのポジションに就き、プレイヤーとして頑張りながらマネジメントも試行錯誤していることでしょう。

ただし、仕事ができるからといって、マネジメントができるかといえば、少し話が違います。プレイヤーとして優秀な人ほど、自分が成功を収めてきたやり方を部下に再現させようとするからです。

自分のやり方が部下の仕事でうまく働くときもあるでしょう。しかし、時代の流れは早く、技術革新も起こるので、いままでうまくできていたことが、明日には真逆の結果を生むようなケースもあるのです。

部下に自分と同じようにやらせたからといって、必ずしも仕事で成果が出るとは限らない時代がやってきています。いままでの仕事のやり方が正しく、自分自身がチームで一番仕事ができるという立ち位置から、今度はマネジメントする側として、チームメンバーの強みを引き出し、部下を一番応援できる人にシフトチェンジする必要があります。

では、部下を応援する人になるために、テレワークは向いているのでしょうか。やり取りをするのに不便だから向いていないと思われるかもしれませんが、じつは意外にも、部下とのちょうどいい距離感を生むことがあります。

ただ、テレワークで部下の育成をするには、ちょっとしたコツやコミュニケーションのバリエーションなどが必須です。

日本は欧米諸国とは違って、マネジメントに関する教育はなかなか受けられないので、自分自身で学んで、より良いやり方を身につけていく必要があります。本書で紹介するコツやポイントをぜひ実践して、あなたらしいテレワークでの育成スタイルを作っていってください。

▽これからの時代に求められるマネージャーは希少価値が高い

そもそも、マネジメントという言葉には「うまくやる」「何とかやる」といった意味合いがあります。人・金・モノ・情報の4つのリソースをうまく活用し、組織のパフォーマンスを最大化するために調整していくことが大切です。

マネジメントとはメンバーを鼓舞しながら、あなたならではのやり方を見つけていく旅のようなものです。旅であれば、そこに正解はありません。環境やチームメンバー、非常に変化が激しい変数の掛け算によって、その場その場でのベストを尽くすことが求められます。まだ経験の浅いテレワークなら、なおさらでしょう。

テレワークはあくまでも仕事のやり方です。リアルに出勤しているときとテレワーク導入後で、仕事の目的や目標が変わることはありません。

とはいえ、いままですぐ隣にいて、仕事の様子を間近に見てこられた部下が、テレワークになった瞬間に目で確認できなくなったり、耳からの情報が入ってこなくなったり、感覚的に感じ取ったりできなくなります。まるで小窓から、部下の一部をのぞき見している感じでしょう。そして、それは部下にとっても同じことなのです。このように、リアルとテレワークには確かに大きな違いがあると感じる人も多いことでしょう。

テレワークは導入からまだ日が浅く、誰もが模索をしている状態です。業種や業態によってテレワークの浸透率は違ってしかるべきですが、どういった状況下でもテレワークで部下を育成し、チームで仕事の成果が出せるマネージャーを目指していただきたいと思います。

そして、やらねばならぬ「守りのテレワーク」から、いままでよりも一層、仕事に効率的に取り組むことができる「攻めのテレワーク」にしてほしいのです。

テレワークでも部下をうまく育成し、仕事で成果を出し続けるマネージャーは希少価値が高いものです。

自分自身やチームの価値を高めるために、ぜひ本書をお役立てください。

人材育成コンサルタント産業カウンセラー　片桐あい

テレワークで部下を育てる　新しい上司の教科書　目次

第1章
「あなたは大丈夫？」テレワークのNG上司

第2章

自分が「組織のハブ」となるマインドセットの重要性

第3章 テレワークでの人材育成に大切な5つのキーワード

第4章 部下のモチベーションを理解して高める

第5章 部下に目標を達成させるまでの道筋をデザインする

第6章 チームを育てて組織の成果を最大化する仕掛け

第7章 テレワークで部下がぐんぐん育つ実践策

第8章 チーム内でハラスメントを防ぐためのヒント

本文デザイン／青木佐和子
編集協力／編集工房リテラ（田中浩之）

第1章
「あなたは大丈夫？」テレワークのNG上司

あの人は尊敬できる上司。
普段はこう思われているのに、
テレワークの環境下では、
残念なNG上司になる人がいます。
陥りやすい失敗を紹介するので、
ぜひ反面教師にしてください。

「イケてる上司」と部下から思われていたのに…

普通に出勤して職場でスタッフと顔を合わせ、打ち合わせや会議はもちろん、何でもない雑談もする。気になることがあれば、部下を呼んで直接確認。パソコンのモニターを見ながら、随時チェックするのも簡単だ。こうしたリアルの仕事環境が、テレワークでは一変。途端に、うまく仕事を回せなくなる管理職がたくさんいます。

第1章では、そういったテレワークでよくあるNG上司について解説します。紹介するのは6タイプ。自分は陥っていないか、部下に対する日ごろの行動を思い浮かべてください。

普段はそうではなかったとしても、「相手が見えないというストレスがかかる状態」では、思い当たるところがあるかもしれません。テレワークでの部下育成について考える前に、まずはテレワーク時に自身が上司としてどのような傾向があるのかを理解するために、6つのタイプを確認してみてください。改善ポイントが見つかり、修正できれば、テレワークでも部下を育てることは十分可能です。

①指示出しばかりの「コントロールタワー型上司」

ケーススタディ

「今度、リモート会議を設定したいので全体構成を考えてください」と言われたAさん。よし、頑張ろう。まずは日程を調整して、参加者に連絡して、などと考えていたところ、上司から「参加者をリストアップして」という連絡が入った。まあ、そうだよねと思ったが、数時間後には「参加者にメールを書いて」、さらに「会議の準備リストを作って」など、タスクを細かく分けて何度も指示が飛んでくる。いちいち、そこまで言わなくても……とAさんはげっそりした。

テレワークでうまくいかないタイプのひとつが、作業内容を細かく指示する「コントロールタワー型上司」です。自分の指示に従っていれば間違いない。こう考えて管制塔役になり、仕事の目的や意図を部下に伝えず、細かいタスクレベルに落とし込んで、あれやれ、これやれと指示を出します。

上司である自分から見ると、効率的な指示を出しているので、仕事はスムーズに回っていると信じていることでしょう。しかし、コントロールされる側の受け取り方はまったく違います。

部下にしてみれば、ひとつひとつの作業を細かく指示され、次から次にタスクレベルでのオーダーが出されることになります。これでは仕事を進めるうえでの自由度がありません。部下は自分で考えなくてもいいので、成長することができなくなってしまいます。

特にテレワークの環境のもとでは、上司はこのコントロールタワー型に陥りやすいので注意しましょう。こうなってしまう大きな要因のひとつは、テレワークのなかでは部下の様子が見えにくくなるということです。

慣れない環境のなかでも仕事を滞らせてはいけないという、プレッシャーや焦りのようなものもあるでしょう。あるいは部下がまだ経験が浅い場合、能力や知識などを完全に信頼できないという懸念があるかもしれません。

こうした場合、仕事の進め方を部下に考えさせるよりも、直接指示したほうが自分も安心でき、部下も楽なのではと考えがち。そこで良かれと思って、細かく指示を出してしまうのです。

リモートで仕事を進めるとなると、上司もやはり不安を感じるので、一層コントロールしたくなるのはわかります。部下にしても、タスクに落とし込みをして指示されると、何をすればいいのかわかりやすいかもしれません。上司の指示が的確であれば、仕事は問題なく前に進むでしょう。

しかし、これらはあくまでも短期的に見た場合のメリットです。長い目で見れば、大きな弊害があるということを理解しておきましょう。

強くコントロールする状況が長く続くと、部下は自分から考えて動ける自立型の人材には成長しにくく、指示待ちの人間になってしまうのです。指示された業務を的確にこなす作業員を増産することになりかねません。

ただし、仕事上の大きなリスクが見えているケース、あるいは部下がまだ若手で仕事に対する習熟度が低い場合などには、仕事の進め方を明確に指示したほうが良いこともあるでしょう。

こうした場合、何をすればいいのかよくわからない若手を導いて、組織としてのリスクを小さくするため、あえて意識してコントロールタワー型で接し、こと細かな指示を出すのも有益です。

管制塔の役割をしっかりイメージできるのであれば、コントロールタワー型が必ずしも悪いというわけではありません。

一律には考えず、指示の出し方については、リスクや部下の習熟度によって使い分けていきましょう。あくまでも全体を俯瞰《ふかん》したうえで、柔軟に管制塔役を果たせるのであれば問題はありません。

② 細かく報告されないと不安な「タクシー無線型上司」

ケーススタディ

オンラインセミナーを実施することになり、Bさんに仕事が回ってきた。「君に任せるからね」と言っていた上司が、翌日から矢継ぎ早に連絡してくる。「日程はどうやって決めるつもりかな?」「参加者についての報告をまだ聞いていないいんだけど」「会場はもう押さえたの?」「司会者は決まった?」「先生はセミナーのテーマについてどう言っていた?」。

細かい確認ばかりで、ああ面倒くさい。この人、そんなにおれを信頼していないのかな、とBさんは嫌になってしまった。

次に紹介するのは、情報収集が何よりも大事だと思っている人がなりがちな「タクシー無線型上司」。このタイプの特徴は、まるでタクシーの無線連絡のように、テレワークのなかで報告・連絡・相談をその都度細かく上げるように指示することです。

もちろん、部下から適切な報告・連絡・相談をしてほしいし、悪い情報であればあるほど早く上げてほしいと指示することは欠かせません。とはいえ、現場で働くメンバーのことをもっと信頼することが大切です。

あれはどうなった、問題はないか、大丈夫か、進捗状況の説明をといったように、テレワークの状況で部下に逐一報告を求め過ぎてしまうと、大きな弊害が出てきます。

タクシー無線型の短期的な弊害としては、どうしても仕事が滞ってしまうことがあげられます。上司に報告・連絡・相談をするには、そのたびに報告書やメールを書かなければならず、多くの時間が取られてしまうのです。

必要な報告・連絡・相談は行わなければいけませんが、そうではなく、特に緊急性のない〝報告のための報告〟のようなものに多くの時間をさかれると、部下はたまったものではありません。

やるべきことがすぐにできずに後回しになるので、業務の効率はどうしても悪くなります。上司が良かれと思って、仕事の進み具合などを細かく聞くこと自体が、部下の仕事を邪魔することになってしまうのです。
また、部下の状況を直接見ることができないのに、上司のもとに情報が集まり過ぎると、何が正しいのかわかりにくくなります。適切な取捨選択ができなくなり、決断するのが鈍くなりやすくなって、組織を迷子にしてしまう可能性があるのです。これも大きなデメリットです。

長期的な弊害としては、上司がタクシー無線型で部下と接するうちに、両者の関係に問題が生じやすいことがあげられます。
報告などをあれこれ求め過ぎる仕事の進め方をされるうち、やがて部下が不満を感じるようになっても無理はないでしょう。仕事を任せてもらっている気がしないので、だんだんやる気をなくしていき、上司に対する信頼感も薄れて、関係性がぎくしゃくしてしまうのです。

すべての情報を把握していないとマネジメントできないと思う、あるいは部下を信頼できずにさぼっているのではないかと疑う、またはテレワークにおける自分自身の決断に自信がない。こういった心理状態のときに、タクシー無線型上司になっていく傾向があるようです。

ひどい場合は、カメラをずっとオンにしたままで仕事をしろ、というケースもあります。なかには、1時間に1回ほども電話をしてくる面倒臭い上司もいるようです。自分の上司はこんな人だったのか……と部下はあきれているでしょう。

テレワークになると不安を感じるかもしれませんが、少しは辛抱することが大事。ある程度の経験があり、ここまでは任せても大丈夫という部下に対しては、相応の裁量権を与えてあげましょう。

③ 何かと干渉し過ぎる「カーナビ型上司」

ケーススタディ

Cさんはあるプロジェクトの担当になって張り切っていた。ところが、上司からリモートで次々アドバイス。

「以前、似たようなプロジェクトをやったことがあるんだけど」「別のプロジェクトはこういう期間、規模だった」「3年前の成功事例をもとにすればいいと思う」「まとめたファイルがあるからデータを送るよ」。自分のリソースや成功体験を参考にすればどう?と、どんどん連絡してくる。

Cさんは自分で考えるのをやめてしまい、上司の誘導に沿って企画書を書き進めるようになった。

おせっかいをし過ぎる「カーナビ型上司」も問題。これもテレワークの仕事環境で陥りやすいので注意が必要です。

ある目的地まで車で移動する場合、道筋は複数あるのが普通です。それらのルートのなかから、車の多い市街地を抜けるのか、高速料金はかかるのか、混雑する時間帯なのか、といったことを考え合わせて最適な道を選ぶでしょう。

仕事もこうした移動と同じで、目的を達成するまでのルートはひとつではありません。理想は上司が目的を明確に伝え、あとは部下に任せて、そこにいたるまでの具体的なルートについては考えてもらうことです。

ところがカーナビ型上司の場合、目的地だけではなく、自分はこんなルートを知っているんだよと、部下に次々提示します。

車での移動にたとえれば、「そのＩＣから高速道路に乗る手があるよね」「いまなら一般道のほうが速いかもしれない」「そこを左に折れると抜け道があるよ」といった具合に、いちいち具体的な提案をしないではいられません。また、自分の検索ルートから外れるとＵターンさせようとする、強引なカーナビ型上司もいます。

お互いに顔を突き合わせるリアルな仕事環境では、部下に任せることができた上司が、テレワークになった途端にこうしたおせっかいになることがあります。

部下に直接会えない状況のなかで、上司としての存在感を強く示したい。自分の価値をもっと認めてもらいたい。何となくさびしい。こうした心理から、あそこに行くのなら面白いルートを知っている、こんな裏道は知らないだろう、といったことを自分の経験から提案し、部下に対して「おれってすごいだろう」とアピールするようになるわけです。

実際に車で移動する場合、普段ならベストと思われるルートが、その日は工事中で通れないこともあるでしょう。このようなときには、もちろんリルートの手助けをしてあげたらいいと思います。

ただし、あくまでもヒントを出すだけにとどめ、どのルートを選ぶのかは部下に任せるようにしましょう。

部下にしてみれば、リルートしてくださいと強く指示されると、まあせっかく上司が教えてくれるのだから、推薦してくれたルートで行こうかなと、楽な道を選ぶようになってしまいがち。その結果、自分で道を切り開く力が弱くなっていきます。

あるいは、もっと自分で考えさせてほしいのに……と思って不満がたまっていく部下もいるでしょう。いずれにしても、カーナビ型でしつこく接するのは大きなデメリットがあります。

経験の浅い若手を相手にしている場合なら、この導き方が良い方向に進むことがあるかもしれません。しかし、ある程度の経験を持つ人間に干渉し過ぎると、自分で道を選び、目的地に着いたという喜びを奪うことになってしまいます。

ヒントだけを出して見守る、あるいは目的地だけをセットして道順は部下に選ばせる。こうしたことをしていかないと、部下に仕事の面白みを教えてあげることはできません。自由度のない仕事をさせられると、モチベーションが下がっていき、部下の気持ちはだんだん離れていってしまいます。

④ 感情が見えにくい「ロボット型上司」

ケーススタディ

営業担当のDさんが、新たに大きな案件を受注した。先輩や同僚は「すごいじゃない」「やったね、D君！」「これは金一封ものかも」などとモニター越しにとても喜んでくれた。

ところが上司ときたら、「で、いくら見込めるの？」「契約書はもう交わしたのかな」「最初の入金はいつごろになりそう？」と事実確認をするばかり。

少しはほめてくれてもいいんじゃないの？　せっかくいい仕事をしたと思ったのにと、Dさんはモチベーションが下がっていった。

テレワークになると、普段は当たり前にある雑談をはじめ、職場の潤いのようなものがなくなってしまいます。

こうした環境で出現するのが「ロボット型上司」。モニターに映された顔からは感情が見えにくく、やるべきことだけを伝えて、「はい以上です。よろしく」というタイプの人です。

ロボット型上司になる人は多くの場合、じつはテレワーク自体が理由というよりも、以前から業務を進めることだけが仕事だと思っています。

効率性の優先順位が高く、仕事を通して得られる達成感などには重きを置きません。雑談はする必要などない、人の気持ちを汲むのは正直面倒くさい。こう思っている人は、人との距離が離れるテレワークになると、もともとあったその傾向が一層加速することになります。

本人から見れば、うまくいって喜んだり、いかなくて落ち込んだりと、感情の波に左右されない利点があると思っているのかもしれません。しかし、部下は感情のある生身の人間だということを忘れています。

感情の起伏やモチベーションの上下を考えないで、淡々と仕事だけをやっていれば問題ないという態度で接すると、上司と部下の結びつきは絶対に強くなりません。部下から見て、ロボット型は決して魅力のある上司ではないからです。

冷徹に仕事をこなすだけではなく、上司も自分の個性や人間らしさといったことを表に出していかないと、部下は息苦しさを感じるようになります。

特にリモートで接する環境で、単なる業務だけの話に終始してしまうと、部下が弱音を吐いたり、悩みなどの相談をするような場がなくなってしまいます。部下のメンタルが不調になっても気づきにくくなるでしょう。

職場の環境を整え、部下の心と体の健康を気にかけることもマネジメントとしては非常に重要です。

ただ業務だけを進めていればいいというような考え方でいると、メンタルに不調が出た部下を見逃してしまう可能性があります。

黙って仕事をしてくれればいい、悩みや弱音などは聞きたくない。これでは、早めに不調を発見して手当をするスクリーニングの初動が遅れてしまいます。ロボット型上司には陥りがちなことなので、本当に気をつけてほしいと思います。

何よりも、ロボット型上司と仕事をするのは、部下としてつまらないでしょう。仕事のやり方は身につくかもしれませんが、上司の人となりといったことが部下には見えてきません。

業務だけこなしていればいい、という殺伐とした空気感のなかで、雑談などもできにくい雰囲気になってしまいます。

その先にあるのは、まったく面白みのない職場です。スタッフの士気は上がらず、離職を考える人も出てくるでしょうから、こうしたロボット型上司にならないように十分注意しなければいけません。

⑤ 型にはめて個性をつぶそうとする「調教師型上司」

ケーススタディ

新たな顧客の担当になったEさん。顧客あてのメールをどのように作成しようかと考えていたところ、上司からリモートで連絡が入る。「いまから、メールのテンプレートを送るから。この通りに書いて出せば問題ないよ」。

なるほどと、テンプレートを確認していると、また連絡が。「別の仕事で使ったマニュアルも送るよ。似た案件だから、これに沿って進めれば大丈夫」。適切な方向に導いてくれているんだろうけど、おれは自分で考えちゃダメなの？とEさんはがっかり。

そもそも仕事とはこうあるべき、マネジメントはこうあるべき、このポジションはこうあるべき、といった「べき論」が強いタイプを「調教師型上司」と呼びます。

こうした上司は、部下を型にはめて個性をつぶしたほうがマネジメントしやすい、と思っているのでしょう。特に「ジョブ型」という仕事の進め方をする職場では、この調教師型で接するとメリットがあります。

「ジョブ型」とは、こういうタスクをする人には、このポジションをやってほしいと役割分担をすること。たとえば、10人でひとつの仕事に取り組む場合、10人が同じように仕事ができれば管理しやすくなります。

工場で決まった製品を製造するラインのように、みなが同じ作業をする職場であれば、型にはめた教育の仕方が合っているかもしれません。

しかし、一般的なオフィスワークの場合、個人の特性や個性を抑えて、みな同じように「こうあるべき」と育成するのはどうでしょう。

うまくいく側面もあるかもしれませんが、行き過ぎてしまうと不自由を感じる人がたくさん出てくるはずです。

20代や30代前半の若手の多くは、個性やキャリアを大切にするような環境のなかで育ってきました。仕事に対しても、自分の個性が発揮できるのか、望むキャリアが得られるのか、といったことを仕事の価値観にしています。

こうした若手に、上司が考える「こうあるべき」を押しつけると、仕事の魅力を感じてもらうことはできません。この会社で働き続けることは自分にとって本当に良いのか、という迷いにもつながっていきます。


一人ひとりの個性を認めない、良いところがあってもほめない、あるいは将来的にどういうキャリアを思い描いているのか聞いてあげない。こうした状態のまま、みな一律に調教しようとすれば抵抗感を持たれてしまいます。


一方、いまの上司は多くの場合、型にはめられた仕事人生を歩んできました。何歳になったらこういう業務ができる、何年目になったらできて当たり前、仕事というのはこういうものだ、というように「こうあるべき」のもとで育てられてきたのです。

自分が経験していることだからと、若手に同じように接したいと思うのも無理はないでしょう。

しかし、そういった姿勢で向き合うと、将来の会社を背負ってほしい優秀な人材が流出するリスクがあります。

「こうあるべき」の考え方が身についている人は、テレワークの環境になると、さらにその思いが強くなる傾向が見られます。オンラインで向かい合うと、聞きたいことだけ聞いていればいい、というような感覚に陥ってしまいがちだからです。

実際に接するリアルの環境だと、会議のなかでAさんの話をとりたてて聞く、あるいはBさんは無視して意見を聞かない、といったことはなかなかできません。すべてがオープンに見えていることにより、公平性が担保されているからです。

ところが、同じ会議でもオンラインになると、胸から上しか見えず、表情もわかりにくく、複数の人が同時に話しづらくなります。

こうした特性から、気に入っている人だけに指示を出す、聞きたくない話は無視をする、といったようなことが簡単にできてしまうのです。

これでは管理職としてバランスが悪過ぎます。自分が危険な調教師型上司になってはいないか、改めて振り返ってみましょう。

⑥ 放りっぱなしでフォローしない「丸投げ型上司」

ケーススタディ

上司からリモートでプレゼン資料の作成を言い渡されたFさん。それ以来、上司からは細かい指示はない。Fさんは少し迷うところもあったが、相談する機会がないまま、締め切り少し前に資料を仕上げて送った。すると上司が「いや、ちょっと違うんだけどね」。戸惑うFさんに「あそこは会話形式にしよう」「前書きが長いから半分に減らそうよ」「だいたい、2週間もあったのに何してたの」。今さらですか？とFさんは上司に言えない言葉を飲み込んだ。

テレワークの環境のもとでは、コミュニケーションを密に取らないと、誰にどういった業務を回したのかわかりづらくなります。

特に仕事量の多い管理職は、注意しなければいけません。テレワークで陥りがちな

「丸投げ型上司」になれば、部下は頭を抱えながら仕事を進めることになります。

多くの場合、上司は複数の部下と一緒に仕事をしています。それぞれのプロジェクトは同時進行しているので、部下を放りっぱなしでフォローしないでいると、どの仕事がどれほど進んでいるのか把握できません。

たとえば、資料を作ってほしいと、部下に投げかけたケース。途中経過を確認しないまま締め切りになり、できあがったものを見せてもらったところ、自分が意図していたものとはまったく違う。こういったことはありがちです。

リアルの環境のなか、同じ職場で顔を合わせているのなら、資料を作っている部下の後ろからパソコンをのぞき込み、「いい調子で進んでいるね」「方向性は間違っていないから大丈夫」「ここはこの図表を入れたほうがいいのでは」といった具合に、いつでも確認するチャンスがあります。

ところがテレワークになると、こうしたちょっとした確認をすることができません。このため丸投げの状態に陥りやすく、お互いの姿が見えないなかで修正ができないいまま、意図しない形で仕事が進んでしまうのです。

部下のなかには、キャパシティー満杯状態になっている人がいるかもしれません。また、複数の部下が同じ仕事に取り組んでいる場合は、それぞれの進行状況がよくわからなくなる可能性もあります。慣れないオンラインで上司も大変でしょうが、仕事の割り振りや進捗管理は大事な仕事です。

部下に回した仕事がどのような形で進んでいるのか、テレワークではなおのこと意識して追いかけていかなければいけません。

テレワークで自分がハブになり、複数の部下を使って仕事を進める場合は、自分から積極的に情報を取りにいく、あるいは部下から進捗状態を適宜報告させて確認する、といった仕組みをあらかじめ作っておく必要があります。

丸投げ状態になると、部下のやる気もそがれてしまいます。リアルの環境では、上司にときどきチェックされて感想をもらえていたのに、そういった途中経過におけるフィードバックがなくなってしまうからです。

部下は仕事が回されたものの、その後は上司に放っておかれるような感じがして、やる気がもうひとつ湧かず、モチベーションは下がりがち。こうした状態が続くと、長期的には成長促進という面で弊害が出て、人が育たない会社になってしまう可能性があります。

加えて問題なのは、オンラインで仕事を進めて上司と部下の間に齟齬《そご》が生じた場合、上司は部下を責めがちなことです。

実際には、仕事を丸投げにしてしまった上司と、途中で何も相談をしなかった部下の双方に責任があると思いますが、立場上、責められるのはどうしても部下。叱責されたことにより、丸投げ型上司のもとでただでさえ下がっているモチベーションがさらに低下してしまいます。

以上、6つのNG上司についてお伝えしましたが、相手やその場のシチュエーションによって当てはまるタイプが変わるかもしれません。まずは、自分が陥りそうなNG上司の傾向を頭に入れて、そうならないためのヒントを本書からつかみ取っていきましょう。

第2章

自分が「組織のハブ」となるマインドセットの重要性

テレワークを行いながら、
適切なマネジメントをするには
リアルな環境との相違点を
理解しておくことが欠かせません。
組織のハブになるという
覚悟を決めて臨みましょう。

テレワークでは自分の背中を見せられない

新型コロナウイルスが流行した2020年、私は依頼された新入社員の研修をすべてリモートで行いました。

新人たちは口をそろえて、「早く職場に行きたい」「上司や先輩の顔を見て仕事をしたい」と訴えていました。リアルな職場の空気感や緊張感を肌身で感じたい、というのが大きな理由です。


自分の背中を見せながら仕事を教えるという感覚は、いまどき古いのかもしれません。けれども、人とじかに接するリアルな環境では、部下は上司の様子を見て仕事の仕方を覚えていくのは事実です。

上司もいちいち手取り足取り教えなくても、近くで見ていればわかるだろうと思っているでしょう。

しかし、テレワークになると実際に触れ合うことができず、パソコンのモニターを通じてやり取りすることになります。この新しい現実のなかでは、「おれの背中を見ろ」といった育成の仕方はできなくなりました。

テレワークの環境では、実際に背中を見せられないからこそ、伝えるべきことはきちんと言語化し、部下に対する期待を可視化する作業が非常に大切です。

上司だけではなく、部下も言語化することを常に意識し、これまでとは違う形でのコミュニケーションを深めていく必要があります。

また、成果物のイメージなどもしっかり共有するように努めないと、思わぬところで齟齬が生じてしまうでしょう。

これまでとは違う「逆・報連相」を意識して心がける

仕事で欠かせない報告・連絡・相談についても、新しいやり方が求められています。このいわゆる「報連相」は、以前は部下から上司に向かって行われるものでした。適切なタイミングで、適切な人に向かって、適切な内容を報告・連絡・相談しましょうと、上司は部下に教えてきたと思います。

しかし、テレワークの時代になると、これだけでは十分とはいえません。部下からに加えて、上司からも適切な報連相をしていくことが強く求められるのです。

会社の組織を人の体にたとえれば、報連相によって発信される情報は血液です。体の中をフレッシュな血液が駆け巡っていると、組織は活性化します。組織のなかで情報が速やかに伝達されると、意思決定がうまく行え、現場で何か問題が発生したときもスムーズに対応できます。

ところが、仕事の環境がリアルからテレワークになった途端に、報連相がやりづらくなってしまいます。こうした環境のなか、フレッシュな血液をどのように巡らせていけばいいのでしょうか。

いままでのように、報連相を下から上げるだけでは、うまく組織が回っていきません。

これからは上司である皆さんも報連相を意識し、部下と双方向でやっていかなければ、正しい情報やフレッシュな情報が会社全体を駆け巡るのが難しく、重要事項の抜け漏れが起こる可能性が高いでしょう。

「逆・報連相」という呼び方をするのがいいかもしれません。報連相を下から上がってくるものだと決めつけず、テレワーク時代にはこの逆・報連相をぜひ意識していくようにしてください。

報連相のなかでも、特に報告は下から上げていくものだと思っている人がいるかもしれません。

しかし、必ずしもそういうものではなく、今期は会社としての方針がこうなったと、上層部から自分に下がってきた情報をチームに落とし込みをすることも、ある意味では報告です。

連絡も同じ。組織で決定した連絡事項について、部下にきちんと流すことがあってもいいでしょう。

相談に関しても、上司から部下に対しても行うようにしましょう。現場のことをいちばん知っているのは皆さんの部下です。その部下に対して、実際にはお客様はどう言っているのか、チームの方向について現場の意向はどうなのか、といったように相談という形で持ちかけることもできるでしょう。

テレワーク時代になっても、報連相が部下から来るものだと思って待っていると、次のアクションを起こすタイミングを逸してしまったり、重要な情報が滞ってしまったりする可能性があります。

あるいは上からの情報を下ろさないことによって、現場が混乱することもあるでしょう。

テレワークをうまく機能させるためには、情報の伝達や共有が大切なポイントになるのは間違いありません。特にテレワークになったらすぐに、意識して情報を流すようにすることが肝心です。

テレワークでのやり取りでは、情報の鮮度に注目することも重要です。複数の人から違う情報が上がってきたとき、どれが最新のものなのかがわからないと、正しい判断ができなくなってしまいます。

情報は混ざってしまうと、ただのゴミのようなもの。整理して分けることによって、貴重な資産になるのです。

資産として活かすためには、上がってきた情報がいつの時点のものかをはっきりさせて、判断を誤らないようにするための仕組みを作ることがとても大切です。

情報をいつもフレッシュな状態にしておくため、テレワークではその扱い方を改めて考えるようにしましょう。

マネージャーになって　うまくいく人といかない人の差

あなたの周りに、マネージャーになった途端に、部下に対して強い態度で接する人はいませんか？　ポジションが上がると偉くなったと勘違いをしてしまうのでしょう。

もちろんそうではなく、ただ役割が変わっただけなのです。

マネージャーの役割とは何でしょう。

以前は現場のメンバーの１人として、自分だけの仕事の成果を出せば良かったのが、マネージャーになればチームメンバーの力を最大限に発揮できるような状態に整えて、しっかり成果を出さなければいけません。

そこを勘違いして、自分の言うことは部下に対して絶対的だとか、ポジションパワーがそのまま自分の力だと思うようになる人がけっこういます。こうしたマネージャーはうまく仕事を回せません。

テレワークではこういったことがさらに起こりがちで、ポジションパワーをより強力に使おうとする人が出てきます。このケースに該当するのが、第1章で紹介した「コントロールタワー型上司」「調教師型上司」です。

自分の影響力が及ばず、思い通りにいかないときに、あるタイプの人は業務命令によって周りをコントロールしようとします。自分自身の能力ではなく、ポジションパワーを使って人を動かそうとするわけです。

こうした傾向がテレワークで加速すると、部下の自発性を引き出す、あるいは気持ち良く動いてもらうといった、リアルの環境ならできていたことが急にできなくなってしまいます。

慣れないテレワークのなか、どうしたら以前のように仕事を回せるのかと、知恵を振り絞って相手を動かそうとすると、相当なエネルギーを使うことになります。一方、業務命令によって部下を動かすほうがずっと楽なので、多くの人はこの方向に流れていきます。

しかし、テレワークでは周りの状況が見えにくい分、下のポジション同士で盛んに情報交換をしています。じつは上司からは見えないところで、「あの業務命令はどう思う？」といったやり取りが交わされているのです。下の人たちは、上司の行動をよく観察していることを忘れないようにしてください。

部下の信頼を得るためには、たとえば小さな約束でもおろそかにしないで、きっちり果たすことが大切です。

テレワークなら適当なことを言ってもわからないだろうと、ごまかそうとするのは絶対にいけません。そうではなく、テレワークだからこそ小さな約束でも守って、部下との信頼関係を積み重ねていくようにしましょう。

互いにコミュニケーションを取るなかでは、やはり双方向での報連相が欠かせません。マネージャーとして成功する人は、部下との報連相を積極的に心がけて信頼関係を築いています。

あるべき姿を描く上司と、ありたい姿を望む部下の差を埋める

部下の育成とは、組織のなかでキャリア形成を行っていくことです。上司は組織をより良いものにしていくために、企業の理念やビジョン、ミッション、行動指針などに合わせて育成しようとします。

一方、部下は自分の価値観に合う会社を選び、自分を活かしてもらえる組織だと思って入社しています。こうありたいと思う自分と、組織の求める姿がイコールであるなら、じつにハッピーなことです。

しかし、働いているうちに、こうありたいと思う自分が、組織の求める姿とずれて悩むこともあるでしょう。こうした場合、上司は部下と一緒にどうしたらいいのか考えていかなければいけません。

いまの時代、部下が転職や転部の希望を持っている場合、上司が否定したり冷たく当たったりすることで、その本人にも周囲にも悪い影響が出ます。

では、「じつは転職したいと思っています」といったことを部下に打ち明けられたら、いったいどうすればいいのでしょうか。

上司としては少なからず動揺するでしょう。しかし、こうした場合、部下の考え方を無理やり変えようとしたり、価値観を押しつけたりするのはおすすめできません。

「仕事には我慢がつきものだ」などと強く説得すれば、部下は反発して、退職時期を早めて辞めてしまうことになりかねません。

何らかの不満のある部下と向き合うのは、できれば避けたいことだと思います。とはいえ、まずは「正直に話してくれてありがとう」と感謝するようにしましょう。

なぜ転職したいのか、なぜ部署を変わりたいと思っているのか。しっかり聞いてあげると、気持ちを理解できるようになるかもしれません。

一緒に考えていくうちに、もしかしたら部下の心が変わり、この職場でもっと働きたいと思うようになる可能性もあります。希望に沿ったポジションに配置することにより、組織のなかでの新たなキャリアにつながっていくこともあり得ます。

このような部下の存在はとても大切です。

話を聞くうちに、マネジメントする側としては耳の痛い話も出てくるでしょう。そのような考えを持っているのか、という意外な発見があるかもしれません。そうして話し合っているなかから、職場の環境やマネジメントの仕方などで改善すべき点が浮かび上がってくることがあります。

悩んでいる部下との話し合いは、組織の課題や自分のマネジメントスタイルを変えるチャンス、と前向きに捉えることもできるのです。

じつはキャリアや仕事観などの深い話をするのに、オンライン上の会議システムはとても向いています。モニターごしに向かい合うと、リアルな状態よりも没入しやすく、自己開示しやすい傾向があるからです。しかも、自宅などのプライベート空間から話をすると、個人的な事情や考え方を明かしやすくなります。

このリモートならではの特性を活かして、部下から転職・転部相談を受ける際には、ぜひしっかり向き合ってほしいと思います。

習熟度とアウトプット力の高低で戦略的に育てる

まず、57ページの図を見てください。これは習熟度とアウトプット力で、人材を分類するためのものです。組織のなかで人を育てていくには、このふたつの要素が大きなカギになります。

習熟度とアウトプット力の高低により、人材を大きく4つのタイプに分けて、それぞれがどういった特性を持っている人たちで、どのように育てていけばいいのかを考えていきましょう。

(A) 図の右上に当てはまるタイプ

▽習熟度が高く、アウトプット力も高い人たち

組織としては大歓迎の人材です。自分から進んで物事に取り組み、しかも能力が高いので、放っておいても順調に育っていきます。

こういったタイプの人たちには、タスクごとに事細かく指示をしないほうがいいで

人材の４つのタイプ

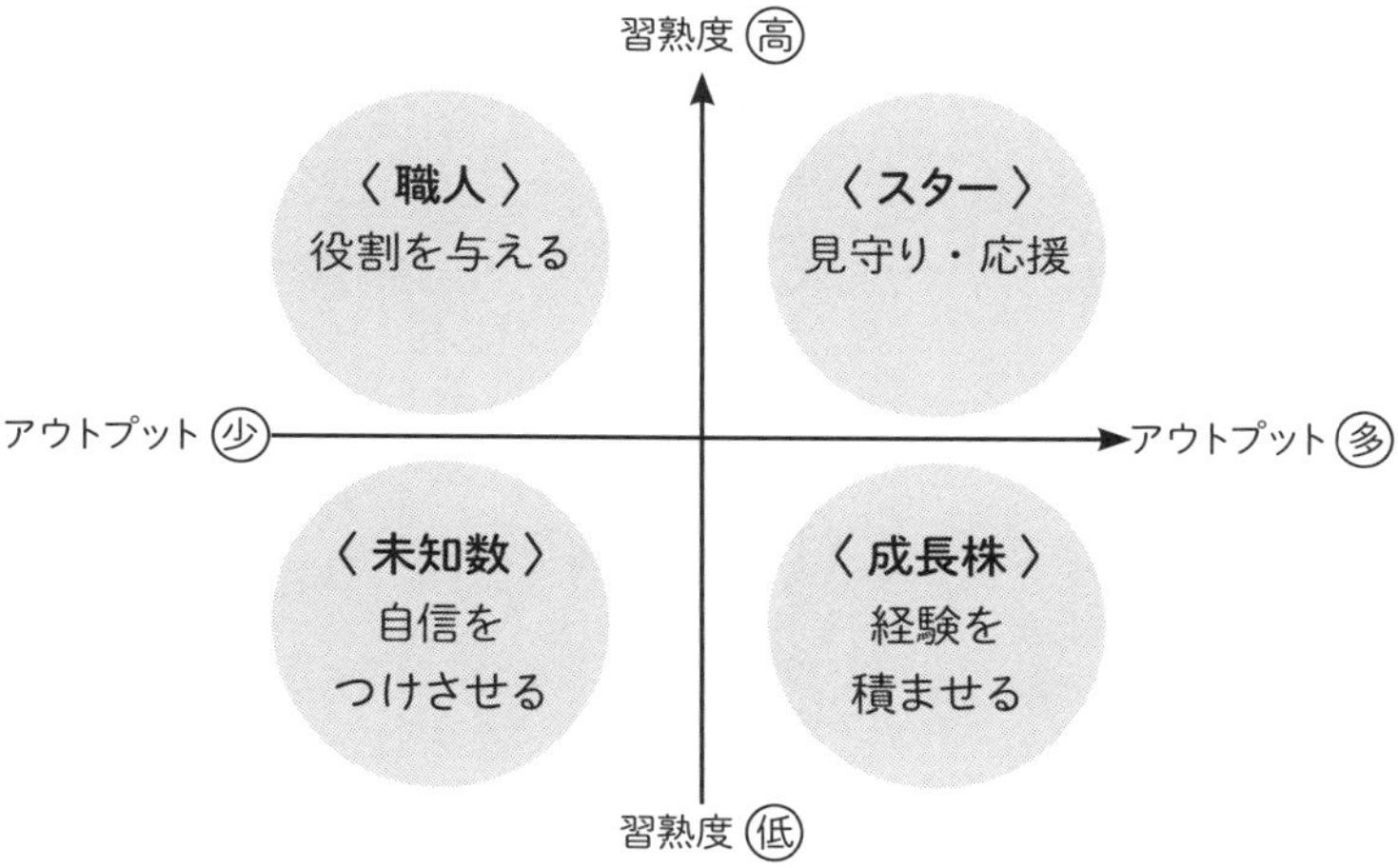

しょう。積極的に動きたい気持ちが強いので、いちいち指示をされると、自己裁量権をはく奪されたような気持ちになって、仕事に対する意欲が逆に薄れてしまう可能性があります。

テレワークでも、ある程度任せて成果をほめ、さらにチャレンジゴールを設定してあげましょう。

（B）図の右下に当てはまるタイプ

▽習熟度は低いが、アウトプット力は高い人たち

やる気は非常にあるけれども、経験があまりないことから、知識はさほど持っていない人たちです。

このタイプにはどんどん経験を積ませるようにしましょう。最初はうまくできないかもしれません。しかし、アウトプットの能力は高いので、知識を蓄えていくことによって伸びていきます。放りっぱなしにはしないで、できない場合はその理由を一緒に考えて、成長をサポートしてあげましょう。

テレワークでは、つまずいたポイントを中心に振り返り、次は違うやり方を見つけられるような時間を取ってあげるといいでしょう。

(C) 図の左上に当てはまるタイプ

▽習熟度は高いが、アウトプット力が低い人たち

経験豊富で知識もある一方、やっていることが周りにあまり伝わらないで、損をしている人たちです。

こういったタイプは、行動が目につきにくいテレワークの環境のなかでは、評価が一層低くなってしまいがち。業務の進捗を聞いたり、見守ったりすることに加えて、積極的なアウトプットを促すようにしましょう。

特に周囲の人へのサポートや勉強会の実施など、組織に対して積極的に貢献してい

くように促すことが大切です。実際はできるのにアピール下手のままでは、テレワークで正当に評価することは難しいと理解させましょう。

(D)図の左下に当てはまるタイプ

▽習熟度が低く、アウトプット力も低い人たち

経験が浅いだけではなく、周りに対するアピールも下手。接し方に注意が必要な人たちといっていいでしょう。

こういった人たちは、仕事を回しても、どうやって進めたらいいのかなかなかわかりません。周りが気づかないまま、本人はひどく悩んで落ち込み、メンタルが病んでしまったり、会社に突然来なくなったりすることもあります。

周りとの接触が少なくなるテレワークでは、自分からなかなか相談することができず、状況が悪化しやすいものです。ほかのタイプの人たちに対するよりも、積極的な声かけをしていきましょう。

また、上司が1人で面倒を見るのも限界があるので、小チームでサポートできる体制をつくることもおすすめです。

以上のように、部下のタイプによって、マネジメントの仕方は変わってきます。

たとえば、Aタイプの人に前章に登場した「コントロールタワー型上司」で接すると、間違いなくうっとうしがられます。ここはあえて、「丸投げ型上司」風のマネジメントにして、自ら考えるようにさせるのが正解です。

一方、Dタイプの人に「丸投げ型上司」的な対応をすると、事態を一層悪くしてしまいます。本来なら嫌がられることの多い「カーナビ型上司」として、あれやこれやと干渉するのもいいでしょう。

部下を育成するための具体的なヒントは、これからたくさん紹介していきます。まずは自分の部下がどういったタイプなのか、習熟度とアウトプット力によって分類してみましょう。

多様な個性を伸ばすための忍耐力を鍛える

近年、働く人たちの雇用形態は大きく変わりました。正社員だけではなく、派遣社員や契約社員、業務委託されている非正規の人たちも多く、しかも以前と比べて格段と増えています。ほかにパートやアルバイトもいるなど、雇用形態はじつに多様です。

働く人たちの年代もさまざま。大学や専門学校、高校を卒業して間もない若い人から、定年退職後に再雇用されるシニア層まで、じつに幅広い年代の人が同じ会社の従業員として働いています。

年代といえば、最近は「年上の部下」も増えてきました。ベテラン社員や役職定年を迎えた元上司が、あなたの部下になるケースです。こうした場合、マネジメントに苦労するという話はよく聞きます。

人の属性についてもいろいろで、子育て世代、結婚していない人たち、結婚しているけれども子どものいない人たち、親の介護をしている世代など、非常に多彩になっています。病中病後や障がい者など、心身のコンディションもさまざまです。

テレワークということを考えると、ITリテラシーにも格差があります。エンジニア並みにリテラシーが高い人がいる一方、なかにはパソコンを触ったことがほとんどない人もいるでしょう。

こうした本当に多彩な雇用形態、年代、属性、ITリテラシーに差のある人たちを、マネージャーは育てていかなければなりません。しかも、部下と接触する機会の少ないテレワークでの取り組みです。個性に合った適切なマネジメントをしなければ、部下を成長させることなどできないでしょう。

同じように声かけをして、できるかぎりのサポートをしても、同じように人は育たないものです。人はそれぞれ潜在的な能力や経験、やる気などが違っているので、当然、成長していくスピードも同じではありません。

特にテレワークで人を育てる場合、リアルな状況よりも触れ合える機会がずっと少なく、成長具合を実感できにくいものです。

このため、育てる側としてはイライラしたり、放り投げたくなったりしてしまいます。もちろん、そういった思いを抑えて、部下と接しなければいけません。

テレワークにおける人材育成で重要なのは、何よりも忍耐力。一人ひとりの成長スピードが違うのを理解したうえで、育っていくのを待つことが大切なのです。

また、部下を信じることも大切です。自宅で仕事をしないでさぼってはいないか、うまく仕事が進んでいないのではないか、といったようにネガティブなマインドで接することは禁物です。

リモートの画面上でも、上司のそうした不信感や不安は必ず伝わります。性善説に立って部下を信じるようにしましょう。

テレワークの時代ははじまったばかりです。先が読みにくいなか、自分らしいマネジメントのスタイルを模索しながら、これが正解だといえるようになるのを焦らずに待つ。これも、いまの時代には大切なマインドです。

自分が組織のハブになるという覚悟を決める

多様な個性の人を部下に持ち、しっかりマネジメントしていくには、自分が車輪の中心であるハブになることが大切です。

必ずしも大きな車輪の中心になる必要はありません。自分を含めて10人の組織であれば、3人ずつの小さなグループを3つ作って、自分はその中心にいるようにすればいいのです。

もちろん、自分で9人をコントロールするイメージを持つことができるのなら、小さなグループを作る必要はありません。どちらのあり方が望ましいのかは、仕事の内容や自分の能力と照らし合わせて決めるといいでしょう。

いずれの体制を取るにしても、部下をマネジメントする人間として、自分が中心になるという覚悟を持ってほしいと思います。

日本の職場に多いプレイングマネージャーの場合はどうでしょうか。こうしたマネージャー兼プレイヤーであっても、やはり自分がハブになって車輪を回しつつ、部下を育てていくことが大切です。

ただし、プレイングマネージャーは自分自身の仕事を優先しなければならない場合が少なくないでしょう。その意味では、ハブに徹する時間を増やそうとするのは、現実的には難しいところがあるかもしれません。

しかし、専業のマネージャーでなくても、部下を育てるのは重要なミッションです。現状のトッププレイヤーである自分が抜けても組織が回るように、部下をしっかり育てていくことが求められます。

テレワークの環境のなか、自分がハブになって仕事を進めるには、コミュニケーションを密にする必要があります。リアルな状況では見えていたことが、リモートになると見えなくなりがちだからです。

会社がテレワークに徹しているのなら、自分から積極的に声かけをして、それぞれの部下が抱えている業務の進捗状況や、メンタルの状態などをしっかり把握することが欠かせません。

上司から部下に向かって報告・連絡・相談をする「逆・報連相」（46ページ）も、密接なコミュニケーションを図るのに有効です。

ときどき出社することもある「まだらテレワーク」の場合は、職場で実際に会ったときの時間を有効に使いたいものです。部下とコミュニケーションを取りながら、目と耳を使ってよく観察し、情報収集するようにしましょう。

第3章 テレワークでの人材育成に大切な5つのキーワード

テレワークでの人材育成では、「Reason」「Relation」「Rule」「Route」「Risk」という5つのキーワードが重要です。それぞれどういった意味を持つのか考えていきましょう。

テレワークでは人を育てられないという勘違い

新型コロナの影響で業績が振るわない会社のなかには、定期的に行っていた外部研修を打ち切りにするところが多く出てきました。その分、会社の内部で新人や若手社員の教育をしなければいけません。

とはいっても、テレワークでは直接対話することができないので、育成するのは難しいと思い込んでいる企業や管理職は多いでしょう。

しかし、これはただの思い込みによる勘違い。確かに、いままでのやり方のままでは人はうまく育たないでしょうが、状況に合わせて対応すれば、育成することは十分可能です。テレワークのルールや仕組みを工夫し、部下育成のやり方を考え直す機会にしましょう。

第7章の「テレワークで部下がぐんぐん育つ実践策」で具体的に紹介しますが、たとえばロールプレイングは、テレワークのほうがリアルな環境よりもずっと手軽に行うことができます。

ロールプレイングとは営業や接客のスキル向上のために、実際の業務で起こりそうなことを想定し、疑似体験することです。

リアルな環境でロールプレイングを行う場合、事前に互いのスケジュールを確認し、会社の会議室などを予約する必要があります。

これに対して、テレワークだと基本的に、仕事をしている間は自宅などのパソコンの前にいるので、「今日の15時くらいから、ちょっといいかな」といった具合にスケジュールを合わせるのは比較的簡単にできます。

テレワークはリアルな環境と比べて、ちょっとしたすき間時間を作りやすいので、このメリットを有効に活用しない手はありません。

また、空き部屋探しに手間取っていた会議室予約に時間を取られる必要がありません。Ｚｏｏｍなどの必要なアプリをセットするだけで、さまざまな育成のための取り組みにトライすることができるのです。

10分、15分ほどのすき間時間を使って、ぜひこうしたロールプレイングなどを1週間に1回程度でも行っていくことをおすすめします。

上司が部下に教えるというシチュエーションだけではなく、部下同士で勉強会などを開くように誘導してもいいでしょう。

リモートでこうした育成を意識して行う1年と、何もやらなかった1年とでは、部下の成長具合がまったく違うはずです。

テレワークははじまったばかりですが、大きな可能性があります。トライ&エラーを繰り返しながら、どんどんチャレンジしてください。

テレワークで人材育成をするための全体像

テレワークで人を育てるための全体像について説明しましょう。キーワードは５つあり、すべて「R」からはじまります。

①Reason（理由）、②Relation（関係）、③Rule（ルール）、④Route（ルート）、⑤Risk（リスク）。これらの要素を押さえることによって人は動き、成長していきます。逆にいえば、育成していくなかでこれらの要素がひとつでも欠けていれば、思うように育てることはできません。

では、それぞれの要素がどうして必要なのか、ポイントは何なのか、くわしく説明していきましょう。

― Reason ―

人は自分の理由でしか動かない

人は何かの行動をする際、表面的には大義名分を口にしても、結局のところは自分のためでないと動かないものです。

人材育成という面でいえば、上司には上司なりの理由があるでしょう。会社の組織をいま以上に良いものにしたい、そのためには人が育たないと達成できない、といったことです。

同じように、育ってほしいと思う部下にも、育っていくためには明確な理由が必要です。

たとえば、できないことができるようになる、ということでもいいでしょう。実力をつけて、もうひとつ上のポジションにステップアップしたいというのも、育つための大きな理由になります。

ポジションを上げて給料を多くもらいたい、という現実的な思いから仕事に向き合う人もいます。逆に、プライベートの時間を優先したいから、そのためにスキルを身につけ、効率的に仕事を行って残業はしたくないという人もいるでしょう。

上司としては、部下が何を求めているのか、自分が成長していくための理由は何だと思っているのか知っておきたいものです。ぜひ、リモートの面談の際に「あなたはどうなのか」と問いかけてみましょう。

そのうえで、どうすれば部下が喜んで取り組むようになるのかよく考えて、一人ひとりに対応することが大切です。

「いま担当している仕事をもっとできるようになりたい」という部下に対しては、「いまはこの部分が足りないから頑張ってほしい。そうすれば、もっとできるようになるよ」と励ませば、やる気を出してくれることでしょう。

あるいは「会社に認めてもらいたい」という理由を持っているのなら、「具体的にどんな成果を出して認められたいの？　会社はあなたの成長していくプロセスを見ているよ」といった声かけをして、部下のモチベーションを高めるように働きかけます。

なぜ成長したいのか、どう成長したいのか、どのように成長していきたいのか、部下が育つための理由と方向性、そのプロセスが明確になれば、放っておいてもどんどん部下は育っていくものです。

これに対して、絶対にやってはいけないのが、上司が自分の理由を部下に押しつけることです。

たとえば、「君が成長してくれないと、会社として困るんだよね」といった具合に、部下の思いとは関係ないことで後押ししようとしても、部下にはまったく響きません。それどころか、やる気を失ってしまう可能性さえあります。

部下のスイッチを入れるには、上司が自分だけの理由で接するのはNG。これは人を育てる際の基本中の基本です。

テレワークでは、特に「なぜ」という上司の理由や意図を部下と共有することが大切です。それがあれば、迷ったときにも自分で判断できるのです。また、部下にも

「なぜ」を考えさせることで、より自分の考えにしっかりした根拠を見つけられるようになります。

お互いの思いの裏側にある「理由」まで伝え合うことができれば、上司からすれば、どのように育ってほしいと思っているのか？　部下からすれば、どのようになりたいのか？という重なる部分が見つかります。そして、それを見つけるプロセス自体が上司と部下の信頼関係を強くしていくのです。

— Relation —

人は人との関係性のなかでしか成長できない

仕事に必要な知識やスキルは、独学でも身につけていくことができます。自分で前向きに勉強するのは大事なことですが、仕事は受験勉強とは違うので、それだけでは十分ではありません。

取引先やお客様を前にして、覚えたばかりのことをぶっつけ本番で行うのはリスクがあります。現場の最前線で活かすには、ロールプレイングなどによって、学んだ内容を使える形で落とし込んでおくことが大切です。

ロールプレイングをする場合、稽古の相手が必要になります。職場の先輩や他部署の人たちが相手になることもあるでしょうが、やはり育成の一環なので、直属の上司が相手になるのがベストです。

こうした場合、日ごろから築いている関係性が非常に重要になります。しっかりした信頼関係を築いていないと、稽古をするときにも、部下はいまひとつ身が入らないかもしれません。

稽古をしたあとで、気がついたことをフィードバックしても、信頼されていない上司の言葉は聞き流されてしまいそうです。

人をどのように育てるか、という以前の大きな前提として、部下とは良好な信頼関係を築いておくことが欠かせません。特にテレワークでは感情が見えにくい「ロボット型上司」や、仕事を放りっぱなしの「丸投げ型上司」に陥り、部下の心が離れていきやすいので注意が必要です。

フィードバックする際にも、親身になって考えているということが伝わるようにコミュニケーションを取りたいものです。どこがどう足りないのか、なぜその部分が大事なのか、足りない部分を補うには具体的にどうすればいいのか、部下と一緒に考えて丁寧に伝えるようにしましょう。

テレワークでは職場の人間関係が希薄になりやすいので、部下との関係性を一層意識し、強めていくことができる上司が組織のなかで価値ある存在となるのです。

― Rule ―

人にはルールが必要だが、臨機応変な対処も

人を育てるのはマネージャーとしての上司の役目です。しかし、最優先されるべきはビジネスなので、育成にまつわるすべてのことを好きなように進めていいわけではありません。会社として、育成についてもある程度の仕組みやルールを決めておき、それにのっとって取り組んでいくことが大事です。

まず仕組みについて、よくある形のひとつは上司と部下がペアになって行う育成の方法でしょう。実務を通じて仕事を覚えさせるＯＪＴ（オン・ザ・ジョブ・トレーニング）の場合は、先輩社員などが育成担当者になって指導します。

１対１のメンタリングによって人材育成をする会社も増えてきました。メンタリングとは誰かが仕事の師匠としてついて、必要に応じて相談相手になる制度のことです。メンター（師匠）とメンティー（弟子）がペアになり育成していきます。メンターは必ずしも直属の上司とは限りません。

こうした何らかの仕組みがないと、新入社員のAさんに対しては積極的に育成に取り組んでいるが、Bさんはやや放っておかれ気味になっている、というようなことが起こるかもしれません。

ルールについては、業務開始前に今日のタスクを洗い出して共有する、業務終了時に日報や週報を提出させるなど、テレワークで離れた上司や仲間に報告するやり方もあります。手間はかかりますが、このように仕事の成果を〝見える化〟させておくことで評価しやすくもなります。

ルールと仕組みをある程度決めておくと、公平性を担保することにもつながります。

テレワークで人材育成に取り組んでいく場合は、まだ手探りの状態でもあるので、最初からルールを細かく決めず、やりながらルールを作っていきましょう。

ある程度の柔軟性を持たせて育成を進め、おかしな点が出てくれば、組織として修正していく。こうしたやり方のほうが、より良い結果につながるでしょう。ここでもトライ&エラーを繰り返しながら、ブラッシュアップしていくことが大切なのです。

— Route —

人にはコミュニケーションのルートが必要

近年、ビジネスシーンでよく使われるようになった言葉に「エスカレーション」があります。コミュニケーションの方法のひとつで、現場では判断がつかなかったり、何らかの問題が起きたとき、下から上に向けたルートで相談することをいいます。

人を育てていくなかでも、このエスカレーションは非常に大切です。育成の観点から、仕事を部下にある程度任せていたものの、現場でミスをして自分では収拾できなくなった、あるいは部下では対応できないようなお客様からの強いクレームが入った。こういった場合には、部下から上司に向けたルートで、躊躇《ちゅうちょ》なく相談が行われなければなりません。

重要なのは、どういった問題が発生したらエスカレーションをするのか、上司と部下の間であらかじめ決めておくことです。特に、育成中は予期せぬできごとも起こりがちです。たとえば、顧客からの電話対応の場合、オフィスで隣に座っていれば簡単に部下の電話を上司がかわってあげられます。

しかし、自宅に転送された電話や、携帯にかかってきた電話を在宅で部下が受けた場合、周囲はフォローできません。その結果、電話を切ることもできず、一方的に電話で責められてしまうケースもあるでしょう。

そんなとき、顧客からの電話応対で10分以上話しても埒《らち》が明かないような場合は、上司から折り返し電話させてもらうようにする、といったようにエスカレーションのルールとエスカレーション先を決めておくことをおすすめします。

また、エスカレーションされた案件は最高の育成の教材になります。次に同じようなエスカレーションが起きないように、また部下が1人で対応できるようにするために、どうすれば良かったのか指導する機会にしましょう。

そして、その対応方法をマニュアルやFAQ（よくある質問）に落とし込みをすれば、チーム全体で共有することもできます。育成と同時に、チームが離れているからこそ、情報を共有し知恵として蓄えていくことが大切です。

— Risk —

人が成長するにはリスクを冒す必要がある

育成するなかで、ビジネスに悪影響が出るようなことは極力避けなければいけません。しかし、安全なエリアばかりを歩ませるのも問題があります。それでは、人はなかなか成長することができないからです。

その意味から、あくまでも状況を見ながらではありますが、少しリスクはあるけれども、何とかこなせるのではないか、といったやや難易度の高いタスクにチャレンジさせることが大切です。

たとえば、これまではチーム内でのリモート会議しか仕切っていなかった部下に、他部署からも参加する大人数の会議の司会をさせる、といった手があります。上手に場を回すことができれば、自信につながるはずです。

あるいは、取引先も出席するリモート会議で、プロジェクトの説明をはじめてさせるのもいいでしょう。リスクはより大きくなりますが、うまくこなせたら一層レベルアップすることができます。

このようにして、タスクの難易度を段階的に上げていくと、実力が着実についていきます。

こうしたチャレンジをさせる場合は、どういったリスクがあるのか、あらかじめ予見しておくことが大切です。

発生しそうな問題を考えておき、ちょっと危うくなったなと思ったら、上司としてすかさずフォローすることも求められます。

人は困ったときに助けられた経験をいつまでも覚えているものです。部下がピンチのときに、いつでも手を差し伸べてあげられれば、その後の上司部下の関係性も良好になります。

テレワークでは助けが必要な瞬間を見逃しがちになるので、部下からの報連相、上司からの逆・報連相のどちらも大切なのです。

また、いつでも役割をかわれるような体制を作ったうえで、チームとしてチャレンジしましょう。

ここまで、テレワークでの人材育成の5つのポイントをお伝えしてきました。人を育てるというのは、組織を強くするために欠かせないことです。しかし、だからといって、ビジネスに支障をきたしてまで行うものではありません。

あくまでもビジネスが健全かつスムーズに行われることを前提に、部下の成長と業務の難易度を見ながら、無理のない範囲での部下の育成を心がけるようにしましょう。

テレワークで離れていても、部下の成長を信じて「5つのR」を意識し実践すれば、必ず人は育ちます！

第4章

部下のモチベーションを理解して高める

大きな成果を出すには、
部下のモチベーションを高めて
仕事に向かってもらうことが大切。
テレワークの環境下では、
リアルな状況よりも、
この姿勢が一層重要になります。

オンラインだからこそ、より部下を理解する努力が必要になる

何かの行動を起こす際、モチベーションという言葉がよく使われます。ごく一般的な言葉でありながら、その意味はいったい何かと尋ねられたら、答えづらい人もいることでしょう。

第4章は、仕事をするのに欠かせないこのモチベーションの正体を理解してもらうために設けました。上司が自分のモチベーションを維持しつつ、部下のモチベーションをどうやって高めていけばいいのか。テレワークだからこそ注意したいポイントも紹介していきたいと思います。

仕事をするうえで、モチベーションは重要なキーワードのひとつ。日々、仕事に向き合うときに、エネルギーの源になるからです。特にテレワークの環境では、リアルな状況よりもその重要度が一層高まります。

モチベーションとは、何らかの目的や目標があるとき、自分の内側から湧き出てくる動機づけや目的意識のことです。しかし、テレワーク時のオンラインという環境のなかでは、周りの人との接点が持ちづらくなるので、上司や先輩、同僚などと目的や目標を共有するのが難しくなります。

リアルの環境では、同じフロアのすぐ近い席に上司がいて、隣には仲間がいるといったなかで仕事をします。

上司や仲間が仕事に懸命に取り組む姿は、特に見ようとしなくても、自然と目に入ってきます。何か問題やトラブルがあったときには、励まされたり気づかう言葉をかけられたりもするでしょう。

こういったリアルな職場の日常のなかで、周りから触発されてモチベーションがより高まっていくことも大いにあり得ます。

ところがテレワークになると、自宅などの小さなワーキングスペースで、たった１人で仕事に向き合うようになります。

もちろん、Ｚｏｏｍなどを通じてモニター越しに上司や仲間と話すことはできます。

けれども、同じオフィスで仕事をする環境と比較すると、「つながっている」と思える気持ちが比較にならないほど小さくなっても仕方がありません。
こうしてチームと切り離された環境のなかでは、モチベーションを維持していくのが難しくなってしまうのです。

そこで、チームをマネジメントする上司としては、ともすればモチベーションが下がりがちになる部下に対して、意識を高めるように誘導することが大切な仕事になります。加えて、自分自身のモチベーションも下げないように努めましょう。

自分のモチベーションの源泉を知る

仕事に対する自分自身のモチベーションの源泉は何だろうかと、考えたことがあるでしょうか。言い換えてみると、自分はいったい何のために仕事をしているのか、ということになります。

仕事をするということには、さまざまな側面があります。最も基本的な部分で、生活していくために、生きていくためにお金を稼がなくてはいけないからというのも、モチベーションの源泉になり得るでしょう。

しかし、それならお金を稼ぐためには何をやってもいいのか。こう自分に問いかけると、それは違うという人がほとんどではないでしょうか。

単純にお金を稼ぐということのほかにも、やるべき任務を果たしていくという使命感や、社会的に認められたいという承認欲求、チームをマネジメントするといういまの仕事に対する誇り、といったようなさまざまな思いがあるでしょう。

モチベーションの源泉は、じつはひとつではありません。自分の源泉がどういうものなのかわかっていれば、何らかの原因でモチベーションが下がったときに、自分から行動を起こすことができます。

また、マネジメントする部下のモチベーションを理解しておけば、やる気を鼓舞したり、仕事をよりスムーズに回したりすることも可能になります。

モチベーションの源泉として、大きな役割を果たしているのは「価値観」です。価値観とは人生における優先順位。その人が人生のなかで何を大切にしているのか、あるいは大切ではないと思っているのか、というのが私の考える価値観の定義です。

上手にマネジメントするうえで非常に大切なことなので、次のページからくわしく見ていきましょう。

自分と部下の価値観の違いを理解する

自分はどういった価値観を持っているのか、あるいは部下の思うところはどうなのか、理解しておくと仕事に大いに役立ちます。

93ページにあげた「価値観ワーク」の表を見てください。多様な価値観を分析し、15項目に分けてまとめたものです。

これは私がマネージャー職への研修を行う際、必ず取り組んでいただくワークです。この15項目のなかから、自分が最も大切に思うものと、二番目、三番目に大事にしているものを選んでください。そして、それぞれを選んだ理由を明確にするのです。

私の場合は、人生のなかでは「個性の発揮」が最も高い価値観で、次に「冒険性」「影響力」と続きます。

あなたはどうでしょうか。おそらく、私とまったく同じではないでしょう。人によって、大事にしている価値観は異なっていて当然です。

ただし、仕事の業種や会社によって、社員の価値観がある程度似通うことはあります。就職活動をする際は多くの場合、会社がホームページに掲げている企業理念やビジョンをよくチェックし、共感できることが多いところを選んで応募する傾向があるからです。

企業理念やビジョンは、入社したあとも経営層の講話や研修などのなかで繰り返し伝えられます。こうして、同僚たちと同じような価値観を持つようになることもあるでしょう。

価値観には、以前から自分にとって大きな存在であり続けるものもあれば、教育や経験によって変わってくる場合もあります。

いまの自分は何が大切だと考えているのか、「価値観ワーク」の表を使って、改めて確認しておくようにしましょう。

価値観ワーク

価値観とは

人生の優先順位。何が正しいとか間違っているということはない

下の表から、あなたが大切だと思う価値観を3つ選んで○をつけましょう。

多様性（　　） ・色々な業務を行う ・異業種の人と交流 ・常にチャレンジ	**私生活重視（　　）** ・家族のための時間 ・趣味のための時間 ・勤務時間が一定	**影響力（　　）** ・他者を元気づける ・支援する ・親切心と気づかい
個性の発揮（　　） ・楽しいことを行う ・スキルと能力発揮 ・知識を習得	**身体的活動（　　）** ・体を使った仕事 ・手を使ってモノ作り ・動き回る仕事	**権威（　　）** ・出世コースに乗る ・生産的である ・権限を持つ
美的追求（　　） ・美しい物に囲まれる ・創造性を発揮する ・美しい物を創造する	**協調性（　　）** ・自分で決定しない ・チームで仕事 ・友好関係を維持	**社会的評価（　　）** ・名声を得る ・他者に先駆ける ・皆に認められる
完璧性（　　） ・秩序を作り出す ・計画を達成させる ・系統的に整理する	**自律性（　　）** ・1人で仕事できる ・自分で決断 ・時間場所に柔軟性	**報酬（　　）** ・高収入を得る ・豊かな生活を送る ・高価な物を持つ
冒険性（　　） ・世界中飛び回る ・肉体的なリスク挑戦 ・ユニークな体験	**公共性（　　）** ・大義のために働く ・皆に公正である ・社会に役立つ	**安全性（　　）** ・健康を維持する ・経済的安定がある ・定職を持つ

部下の価値観を大切にコミュニケーションする

価値観のなかで「安全性」が最重要だと考えている人は、仕事をするうえでも基本的には安全策を取って、できるだけリスクは避けて通ろうとするでしょう。

一方、その対極にある「冒険心」がいちばん大事であるなら、仕事でもプライベートでもあえてチャレンジしようとします。こうした人はリスクヘッジではなく、リスクテイキングが重要だと考えているのです。

価値観は本当に人それぞれです。

自分とは違う価値観を持っている人に対して、自分の価値観を押しつけるのは禁物です。上司が部下をマネジメントする際に起こると、仕事をするうえでこれほどの悲劇はありません。

「社会的評価」や「報酬」を何よりも大事と考えている上司が、「この仕事ができるようになったら、周りから評価されることになる。給料も上がるから頑張ろう」と部下に声をかけて励ましたとします。

しかし、部下は上司とは価値観が違っており、「私生活重視」のタイプだとしたらどうでしょう。プライベートの時間を大事にしたいから、収入はそこそこ確保できればいい。こう考えているので、上司の言うことは胸にまったく響きません。

「ぼくはプライベートの時間がいちばん大切なんです」と部下が打ち明けた場合、「何を言っているんだ。若いうちには苦労は買ってでもしないと」などと諭すのも当然NG。自分と部下の価値観が同じではなかった、というだけのことです。

心のなかで大事に思っている価値観の問題なので、部下を説得しようとしても、納得してもらえるはずがないでしょう。

価値観に「良い」「悪い」はありません。たとえ部下の価値観が自分とは違っていても、決して否定しないようにしましょう。

部下の価値観を知ることによって、さまざまなマネジメントがスムーズに進んで、仕事の成果も上がりやすくなります。

たとえば、部下が「冒険性」を大事にしており、少々のリスクがあっても前向きに仕事を頑張ってみたいと考えているようなら、いまよりも難易度のやや高いタスクを任せてみるのもいいでしょう。

また、上司が「社会的評価」を、部下が「個性の発揮」を重要視している場合、どちらも叶えられるような仕事を生み出そうとするのも正解です。上司も部下も価値観が満たされるので、両者ともにモチベーションが高まっていきます。


部下が持っている価値観は、リモートで面談する際に、「価値観ワーク」の表を見せて引き出してみましょう。

オンラインで向き合うと、リアルな状態よりも没入しやすく、深い話でも自己開示しやすい傾向にあると前章で紹介しました。

リアルな環境では、面と向かって「あなたの価値観は何？」とは、ちょっと気恥ずかしくて聞きにくいかもしれません。その点、オンラインでは何となく気分が前のめりになるので、価値観の話をするには最適なのです。

部下から深い話を聞き出すときには、まず自分のほうから話すのがポイントです。「私は社会的評価をいちばん大事に思っているんだけど」といった具合に打ち明けると、部下も話してみようかという気になっていきます。

上司の価値観を聞くことは、部下にとってもメリットがあります。「社会的評価」を重要視しているのだとわかれば、周りに認められるような仕事をすれば上司は評価してくれるだろうと、〝ほめられポイント〟に気づくことができるからです。

リモートによる改まった面談で直接聞き出すほかにも、普段から会話するときに注意していると、部下が大事にしていることをつかめます。業務連絡のコミュニケーションだけではなく、その人自身に焦点をあてたコミュニケーションが重要なのです。

部下のキャリアの指向性を知るための質問

人材育成についての考え方は近年、どんどん変わってきています。以前は得手不得手があるなか、苦手なことを克服しようという考え方が主流でしたが、いまは得意分野を伸ばしていこうという方向に変化しています。

後者のような人の育て方をする場合、ぜひ知っておきたいのが、自分の部下がどういった仕事に興味があり、何をしているときに喜びを感じるのかということです。部下のキャリアの指向性を理解しておけば、得意なことで能力を発揮してもらいやすくなります。

では、仕事の指向性を知る指標となるものを紹介しましょう。99ページの図を見てください。「データ」と「アイデア」、「ひと」と「もの」を軸として、その人の興味のある方向性を明らかにするためのものです。

まず、データが好きな人は、根拠や事実を扱うのが得意なので、分析して数値化す

部下の仕事に対する指向性を知る指標

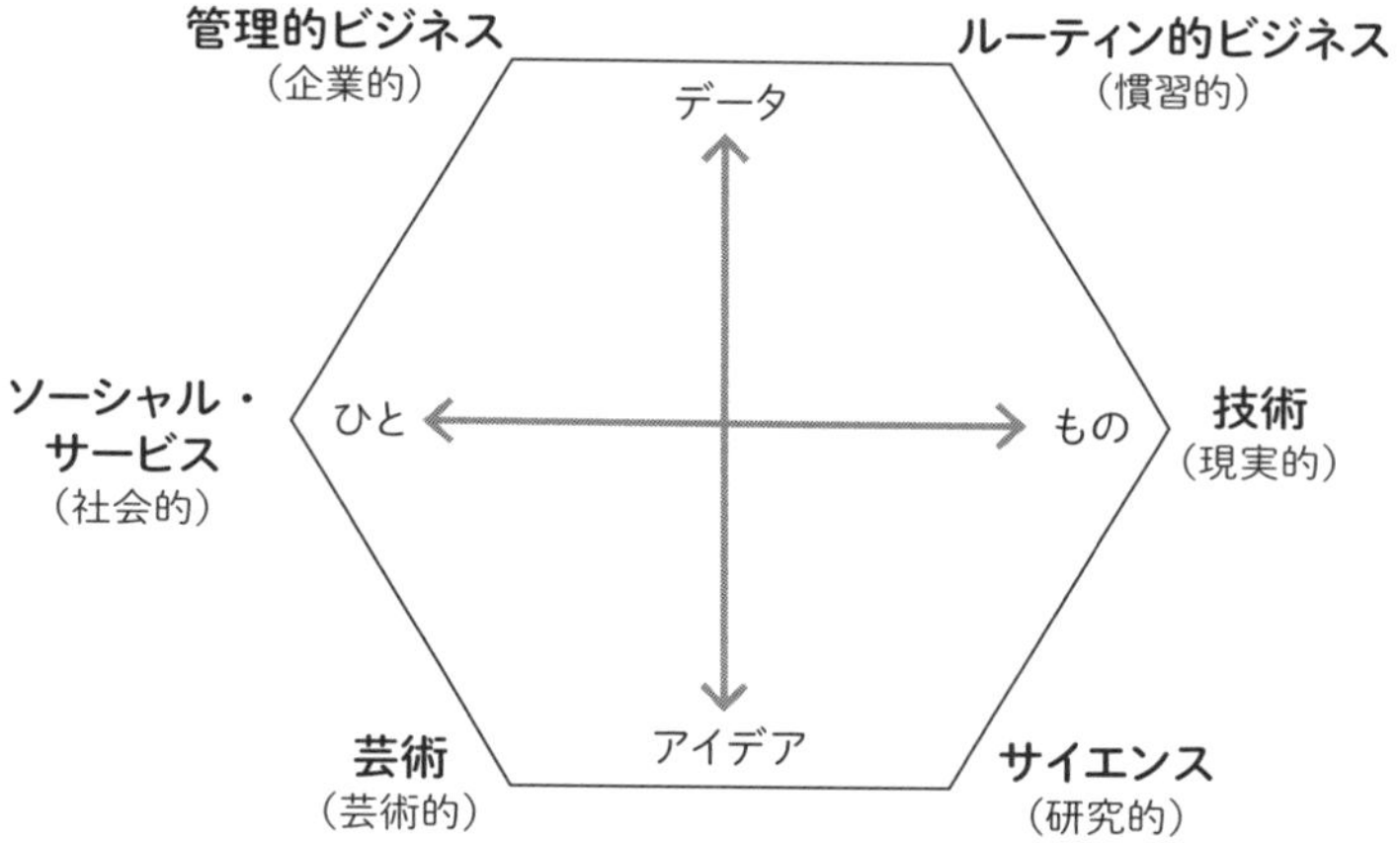

ジョン・L・ホランドの六角形モデルより

る仕事などに力を発揮するでしょう。一方、アイデアを出すことに興味があるのなら、誰も考えつかないような新しい商品やサービス、仕組みなどを生み出す仕事が向いています。

こういった指向性から考えると、アイデア出しが好きな人は、データの分析をする業務を割り当てられ、決まった手順でルーティーン化した仕事をしなければならないのは苦痛でしょう。そうではなく、新商品を開発するような仕事に就いたほうが個性を発揮するはずです。

「ひと」「もの」については、人を相手に仕事をするのが好きなら営業や講師、販売員といった人と向き合う分野が向いています。一方、「もの」を扱うのに興味がある場合、ものづくりや機械を操作するＩＴエンジニアなどの仕事が適しているでしょう。

仕事はこの図のように、はっきり4分割されるものばかりではありませんが、部下の仕事に対する指向性は押さえておきたいものです。

リモートでの面談の際にこの図を見せて、「これは仕事についての興味を探っていくものです」と前提を伝えたうえで、次のような質問をして指向性を探っていくといいでしょう。

「人と接する仕事と物を扱うような仕事では、どちらが好きですか？（あるいは得意ですか？）」

「データや数字などを扱う仕事とアイデアを出すような仕事では、どちらが好きですか？（あるいは得意ですか？）」

「仕事の手順が決まっているようなルーティン業務が好きですか？　それとも、何もないところから新しいものを生み出すような仕事が好きですか？」

「1人で調べたり研究したりする仕事が好きですか？　それとも、チームで協働するような仕事が好きですか？」

部下の指向性を探って、人よりも得意とすることがわかれば、その部分を伸ばすように導いていきます。

一方、苦手な部分については、入社3年目くらいまでは克服するための機会を与えてもいいでしょう。しかし、それでも成果が出ない場合は、こうした前向きでないところにエネルギーを使うことはありません。

足りないところ、できないところを繰り返し指摘して修正しようとするよりも、もともと好きな分野で、これからもっとできそうな部分に焦点を当てて育成するほうが、組織としての利益につながります。

本人の指向性に適した分野にシフトしていき、モチベーションを上げてもらい、だからこそ可能な高いパフォーマンスによって貢献してもらいましょう。

ただし、仕事をするうえで最低限、身につけておいてほしいことがあります。経済産業省が提唱している「社会人基礎力」というものです。３つの能力と12の能力要素があり、社会人として自らのキャリアを切り開いていくうえで必要なものだと位置づけられています。

これらのうちのひとつでも欠落していると、いくら高度な業務スキルを習得しても、専門的な知識を学んでも、仕事はうまくいきません。

入社したら、早くこの社会人基礎力に関する教育を行うようにして、３年後くらいまでには12の能力要素を身につけさせるようにしましょう。

3つの能力と12の能力要素がある「社会人基礎力」

前に踏み出す力 **（アクション）** 一歩前に踏み出し、失敗しても粘り強く取り組む力	**主体性** ……物事にすすんで取り組む力 **働きかけ力** ……他人に働きかけ巻き込む力 **実行力** ……目的を設定し確実に行動する力
考え抜く力 **（シンキング）** 疑問を持ち、考え抜く力	**課題発見力** ……現状を分析し目的や課題を明らかにする力 **計画力** ……課題の解決に向けたプロセスを明らかにし準備する力 **創造力** ……新しい価値を生み出す力
チームで働く力 **（チームワーク）** 多様な人々とともに、目標に向けて協力する力	**発信力** ……自分の意見をわかりやすく伝える力 **傾聴力** ……相手の意見を丁寧に聴く力 **柔軟性** ……意見の違いや立場の違いを理解する力 **情況把握力** ……自分と周囲の人々や物事との関係性を理解する力 **規律性** ……社会のルールや人との約束を守る力 **ストレスコントロール力** ……ストレスの発生源に対応する力

経済産業省が主催した有識者会議により、職場や地域社会で多様な人々と仕事をしていくために必要な基礎的な力を「社会人基礎力（＝3つの能力・12の能力要素）」として定義。

部下との面談の場でのモチベーションの高め方

主にテレワークで仕事を進める場合、毎月1回、10分から15分程度でもいいので、部下と1対1で面談することをおすすめします。

面談が必要なのは、テレワークだと仕事の環境がプライベートと切っても切れない関係にあるからです。

在宅で仕事をしてくださいと会社からいわれても、家には小さな子どもがいて、落ち着いて仕事をしにくいケースもあるでしょう。書斎を持っておらず、適したワークスペースがないことも考えられます。あるいは自分だけではなく、妻や夫もテレワークになった場合は、データ通信に問題が生じるかもしれません。

こうした環境でテレワークを行っていると、仕事のパフォーマンスに影響する可能性があります。マネジメントする立場としては、部下の在宅での仕事環境について、しっかり把握しておかなければいけません。

しかし、これらはプライベートな事情と関係しているので、グループミーティングの場ではなかなか聞くことができないでしょう。そこでリモートを通じて、定期的に1対1で面談をすることが求められるのです。

面談をして、在宅での仕事環境に何らかの問題があることがわかった場合、それを解決できる方法はないか、親身になって一緒に考えるようにしましょう。

部下と面談をする際には、モチベーションが高まるように誘導することも重要です。そのためには、面談での聞き取り方にコツがあります。

やってはいけないのは、刑事の尋問のような質問の仕方です。いつ、誰が、どこで、何を、どのようにして、金額はいくらなのか、といった事実情報だけを聞き取られたら、部下のモチベーションが上がるわけはありません。

もちろん、事実はしっかり聞き取ることが大事です。けれども、面談ではそういったことよりも、意識して部下の仕事に対する思いや感情を聞くようにしましょう。

ポイントとなるのは、その人にしか答えられない質問をすることです。

「あの仕事には特に力を入れているようだね。込めている思いを聞かせてほしい」「うまくいかないタスクがあるようだけど、そのことについてどう思っている?」「いま、いちばんやりたいのはどういったことだろう?」。

このように、取り組んでいる仕事の意図や背景、目的などを聞く場合も、答えに自分の思いを込められるような質問の仕方をするのがいいでしょう。

熱意などの感情が込められた答えを聞いていると、その人が大事にしている価値観が見えることがあります。

そこがモチベーションの源泉なので、マネジメントしていくための非常に重要なポイントになります。ぜひ、そこまで聞き取るようにしたいものです。

面談のなかでは、相手に対する期待を伝えるのも大切なことです。

特に、仕事がうまくいっていない、あるいは気分が落ち込んでいるときほど、期待の言葉をかけるようにしましょう。

「いまはあの仕事が停滞しているけど、あなたには乗り越える力があると思う」「ここが頑張りどころかもしれないね。あなたなら大丈夫、できるはずだよ」

このように、とても期待している、評価しているということを、きちんと言葉で表現することが肝心です。

そして面談の最後には、必ず前向きな言葉で締めくくります。「絶対に突破できるよ」「見ているからね」「期待しているよ」「頑張ってくれてありがとう」などと期待や感謝を直接伝えるようにしましょう。

これまでの仕事人生を振り返ってみてください。

何人かいた上司のなかには、自分を信じて任せてくれた人もいたはずです。だからこそ、あきらめずに結果が出るまで頑張ることができた、という経験があるのではないでしょうか。そういった上司に、今度はあなたがなる番です。

特にいまの若い世代は、厳しく叱咤激励されるよりも、並走しながら励ましてくれるほうが力を発揮できる傾向があります。ぜひ、最後は自分が責任を持つから一緒に頑張っていこう、と力強く言う上司になってください。

部下が失敗、落ち込んだときのフォローの仕方

ヒューマンエラーは絶対になくなりません。その前提のうえで、ミスが起きたときには、いかに早くリカバリーするかを考える必要があります。

では、テレワークの環境のもと、部下が失敗したり、仕事が思わしくない方向に進んだりした場合、マネジメントする側の上司としてはどのような対応を取るのがいいのでしょうか。

リアルな環境なら、部下は上司の顔色をチラチラうかがいながら、いまは機嫌が良いから報告しても良さそうだ、あるいは眉間にしわを寄せているのでちょっとあとにするか、といったふうに判断することができます。そもそも、そんなふうに部下に気をつかわせるような上司であってはなりませんが。

ところが、テレワークだと上司の様子がリモートでしか見えません。ミスを犯した部下は、自宅のワーキングスペースで落ち込みながら、いつ報告をすればいいのかと

悩むことになります。

報告の仕方についても、メールで事実関係を細かく書く、あるいは電話でストレートに話す、チャットでやり取りする、などといろいろあるので悩むところでしょう。上司に言えば叱られるから……とためらっているうちに、事態はどんどん悪化してしまいます。遅れて報告があったときには、すでに取り返しのつかないことになっていた、という最悪のケースになりかねません。

こうした事態に陥らないように、上司は普段から部下に対して、悪い情報ほど早くあげてほしいと、強く言い聞かせておくことが大切です。

ときどき、大企業で不祥事が起きて、トップの人たちが記者会見を開いて、頭を下げっぱなしにする映像が流れるでしょう。

こうしたニュースを見るたびに、ああ、現場の人たちがすぐに報告しなかったのだろうな、事実を捻じ曲げて上層部に上げたのだろうな、そのために初動が遅れてしまったのだろうな、と残念に思ってしまいます。

失敗してしまいました、と部下から報告されたら、怒ったり嫌みのひとつも言いたくなったりするでしょう。しかし、絶対にそういう態度を示してはいけません。

部下はただでさえ落ち込んで、仕事に対するモチベーションが下がっています。こうしたときに追い打ちをかけるような言葉をかけるのは禁物です。

しかも、早く報告をするようにと言っておきながら、「そんな失敗をして！」「何をやってるんだ」と叱り飛ばせば、次に何かネガティブなことが起こったとき、報告が上がってくるのが一層遅くなるかもしれません。

部下がミスの報告をしてきたら、まずは「早く報告してくれてありがとう」「よく報告してくれた」と感謝の気持ちを伝えることが大切です。それから対処の仕方を考えるために、くわしい状況を聞くようにします。

こうした平常時ではないとき、上司がどういった態度を示すかを部下はよく見ています。ここで感情的になると、人としての器が小さいと思われるかもしれません。非常時こそどっしりかまえて、しっかりコミュニケーションを取るようにしましょう。

第5章

部下に目標を達成させるまでの道筋をデザインする

部下を上手にマネジメントし、
ステップアップさせるのが、
上司であるあなたの役目。
テレワークならではの方法で、
育成していく道筋を
明確にデザインしましょう。

組織の期待と部下の目指す姿について共通認識を持つ

ある程度大きな企業は中期経営計画などで、3年後、あるいは5年後のあるべき姿を明らかにします。それを達成するためのゴールを明確にし、さらに各部署ではそれぞれの業績目標などが決められ、管理職がチームの力を最大化して目標達成に向けて動きます。

組織にこうしたゴールがあるように、部下をマネジメントするあなたにも目指すべきゴールがあります。それは組織としての大きな目的や目標からブレイクダウンされたものです。さらにあなたの部下にも同じように、組織の目標に沿った形で個人の業績目標といったものがあるでしょう。

ここで重要なのが、上司であるあなたと部下の目的や目標のイメージをそろえておくことです。私はこれを「共通ゴール思考」と呼んでいます。

共通ゴール思考を図式化すると、113ページの図のようになります。組織と自分、

共通ゴール思考

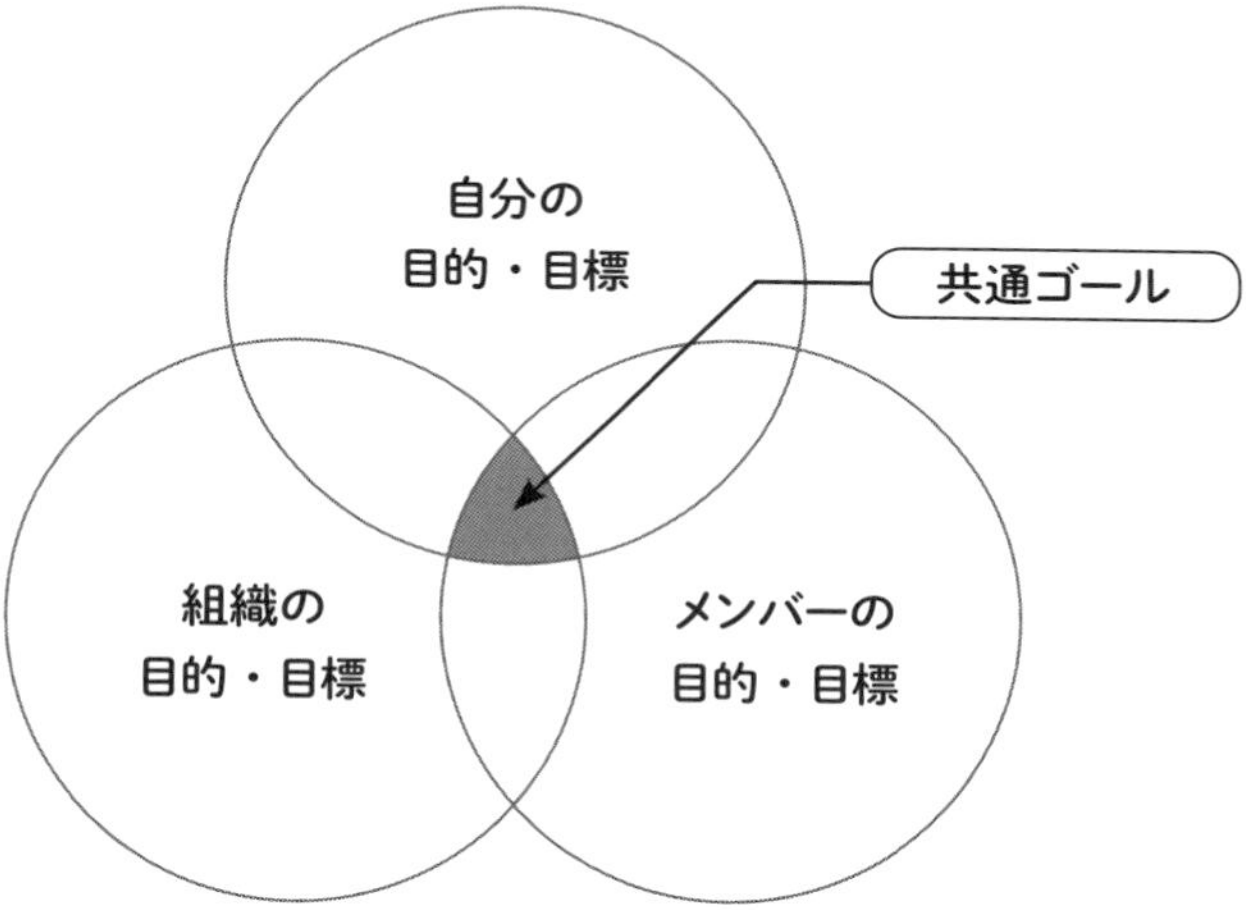

部下の目的や目標は完全には重なりません。組織と自分がぴったり重ならないのは、組織の目的や目標のなかには、ほかの部署が目指すものも含まれているからです。

また、自分の目的や目標は、チーム全体が目指すところとかかわっていますが、部下の目的や目標は個人1人のものです。やはり重ならない部分が出てくるのは当然でしょう。こうして組織と自分、部下がそれぞれの若干異なる目的や目標を持つなか、できるだけ重なるところを見つけて、その共通ゴールに向けて取り組んでいくことが大切になってきます。

具体的に部下の業績目標を決めるときに

は、組織の目標に沿うことを前提とし、そのうえで「SMARTの法則」を取り入れて考えるようにしましょう。

「SMART」とは目標を設定する際、その有効度を確認するための手法のひとつです。「Specific」(具体的であること)、「Measurable」(測定可能であること)、「Attractive」(魅力的であること)、「Realistic」(現実的であること)、「Time-bound」(期限があること)の5つの要素で構成されます。

この「SMART」を満たすようにして、今期は5000万円の売り上げを達成できるように頑張ろう、といった具合に数値化するのがいいでしょう。ふわっとした具体的ではない目的や目標を与えると、あとで達成したかどうかを評価しにくいものです。

加えて、部下が魅力を感じるように仕事を割り振りするのも、マネジメントする側の大切な役割です。本人にとって魅力的ではないゴールは、どうしても達成しにくくなってしまいます。

現実的ではない目的や目標を立てるのも避けるようにしましょう。いくら背伸びしてもゴールに届かないという気持ちに部下がなれば、仕事に対するモチベーションも低下してしまうからです。

計画的指導と機会的指導をセットで行うのが肝心

部下をステップアップさせるには、仕事を任せるときに、ある程度の権限を持たせることも考えましょう。この仕事はそろそろ、部下のAさんに任せようかなと、チャンスを与えるわけです。

ただし、仕事をただ与えるだけでは、問題が起こったときに収拾がつかなくなる恐れがあります。そこで、何かうまくいかないことが出てきた場合は、必ず自分に相談するシステムにしておかなければいけません。

こうして人を意識的に育てようとするとき、計画的指導と機会的指導をセットにして行うことが重要です。

計画的指導とは文字通り、何かの仕事ができるように、計画を立てて指導していくことです。期待や達成基準、プロセスなどを明確にしたうえで、ここまでにこういう業務ができるようになってほしい、といったように計画を立てます。

これに対して機会的指導とは、計画を立てて仕事を任せていくなかで、うまくいかない部分、こうしたらより良い結果を生むところなどをチェックして、具体的に指導していくやり方のことです。

2つのうち、特にテレワークの環境のもとでは、意識してしっかりやらないといけないのが機会的指導です。

リアルな環境の職場では、パソコンに向かっている部下のそばまで行って、「ここはこうしたらいいのでは？」といった具合に、途中経過を見ながら直接指導をすることができます。しかし、テレワークではこうしたシーンがなくなり、機会的指導をする場面がぐっと少なくなってしまうのです。

テレワークで部下を育成するときは、週に1回は途中経過をチェックする、あるいは「ここまで進んだら報告して」と指示するといったように、決して「丸投げ型上司」にならないように注意しましょう。

部下に目標を達成させるための3パターンを使い分ける

部下を導いていく道筋については、一人ひとりの習熟度やアウトプット力に応じて、3つのパターンを使い分けるのがポイントです。

まずは習熟度が不足している人に対するパターンで、平坦な道で経験を積ませること。２つ目はその一歩上の段階で、坂道を歩ませて負荷をかけて鍛えること。最後の3つ目は部下をさらに伸ばそうとして、あるいは自分の後継者にするために、困難なタスクにチャレンジさせることです。

この3つを段階的に使い分けて、レベルアップさせていくことが大切です。では、それぞれの育成方法を具体的に紹介していきましょう。

―パターン①―
平坦な道で経験を積ませる

習熟度の低い部下に対する育成方法で、仕事の質を高めるよりも、まずは量をたくさんこなすことをテーマとします。

この段階で部下に課すのは、歩きやすい平坦な道で、数多くの経験を積んでもらうことです。がむしゃらに取り組んでいくうちに、仕事の本質やコツ、法則などを自分なりに考え、ノウハウを蓄積していきます。

身につくのは基礎的な業務推進力。こういった仕事はこのやり方がいい、こうすれば速く、正確にこなせる、といったことが経験を通じてわかるようになり、成功事例がたまって自信につながります。

たとえば、とにかく数多くの資料を作成させるような、難易度としてはそれほど高くない、基本的な仕事を次々回すようにします。

基礎的な文書を清書するだけではなく、読む相手の目線に合わせて少し変えるといった、若干の応用力が必要な仕事をこなしてもらうのがいいでしょう。

具体的な業務でいうと、新商品を複数の得意先にプレゼンテーションする際の資料作りなどがこの段階に当たります。

商品の提案をするとき、同じ商品でも相手が文具メーカーと介護用品メーカーでは訴え方がやや異なるはずです。資料についても、業種によってアプローチの仕方を変える必要があるので、とても良いトレーニングになるでしょう。

量をこなすことにより、部下に自分なりのノウハウが身についたら、次の段階である質を高める育成方法に移ります。

―パターン②―
坂道で負荷をかける

ただ量をこなすだけでは、仕事の質はほとんど現状維持で変わることがありません。質を高めるにはある程度の負荷が必要なのです。そこで、次のステップとして、前に進んでいくのにやや骨が折れる坂道を歩いてもらうようにします。

たとえば、難易度がやや高い顧客の対応や、経験のないプレゼンテーションでの説明役、リモート会議の進行役といった、これまでに経験のない業務を担当してもらうと、負荷がかかった状態で仕事に向かうことになります。

仕事を進めるうちに、冷や汗をかくようなシーンを何度か経験するかもしれません。これまで身につけてきたノウハウが通用しないので、必死に考えなければならないことも出てくるでしょう。

こうした歩きにくい坂道を進んでいくなかで、応用力やイレギュラー対応力などがしだいにつき、仕事の質が高まっていくのです。

ただし、最初から坂道に放り出せば、ひどくつまずいてしまうかもしれません。未知の業務にいきなり就かせると、トラブルが発生することも考えられます。

まずはテレワークのなかでロールプレイングなどを行い、しっかり準備をしてから本番に臨むようにしましょう。

新たな得意先との対応を任せる場合は、リモートで自分が顧客役になるようにします。ロールプレイングではあえて意地悪な質問をするなど、意識して負荷をかけるようにするのがコツです。

部下とのロールプレイングを何度か行って準備し、これなら大丈夫となっても、すぐに１人では対応させない方法もあります。顧客の対応をさせる場合は、まずは上司である自分も同行。顔つなぎをしておいて、しだいに部下１人に対応させるようにすると、無駄なトラブルを避けることができます。

—パターン③—

道なき道や落とし穴のある困難な道で鍛える

負荷のかかる坂道を何度も歩き、質の高い仕事ができるようになったら、3つ目の難易度のより高い育成方法に移ります。

今度は坂道どころか、整備されていない道なき道や、落とし穴がぼこぼこあるような道を歩いてもらいましょう。

たとえば、商品やサービスが顧客の期待通りではなく、トラブルになりかけた場合、上司である自分は出ていかないで、成長を期待する部下に任せるようにします。

顧客から「返品する」「契約を打ち切りたい」と言われたときの対応は難しいものです。けれども、ここがマネージャー職としての踏ん張りどころ。部下を成長させたいのなら、自分の考えをそのまま押しつけないで、部下自身に考えさせることが大切です。

上司としては、事態を収めるためのアイデアは胸のなかに持ちつつも、すぐには提示しないで辛抱します。アドバイスを求められたらヒントを出す、といった程度にとどめるのがいいでしょう。

こうした困難な道を進むことにより、部下は物事に向き合う力が身につき、責任感や完遂《かんすい》力が強くなっていきます。

問題がなかなか解決しないで、上司としてはイライラするような事態になるかもしれません。けれども、絶対にうまくいくはずだと信じて、部下を応援しながら待つようにしましょう。

仕事はイレギュラーなことに対応できて、はじめて一人前です。簡単にはスムーズに進まない経験を何度も積むことにより、一段高い仕事ができるようになったり、自信につながったりします。

得意な分野を伸ばして、ここぞというときの出番をつくる

企業の人材育成では、個人の強みとなる部分をあえて削り、特徴のない同じような人を育てがちになります。広範囲の仕事をこなせるゼネラリストが多ければ、誰に仕事を振っても安定した結果が期待できるからです。

しかし、こういった人材をそろえる組織は頭打ちになります。前に触れた「社会人基礎力」(103ページ)は最低限、身につけなければいけませんが、職場に同じような人ばかりがいるのは問題です。

チームのなかで育ててほしいのは、こうした特徴のない人たちとは対照的に、この分野なら文句なしにAさん、あの商品群ならBさんが最も専門性が高い、といったような尖った人材です。

マネジメントする側としては、誰もが認めるような部下の強みを見つけて、自信を持たせて磨き上げ、いざというときには「あなたの出番がきたよ」と前面に出せるよ

うにしましょう。他部署からも声がかかったり、顧客からも指名されたりするのが理想です。

部下の強みを見つけるには、日ごろから仕事の様子をよく観察することが大切です。先ほど紹介した3つのパターンのなかでも、意識して行動を見ていればわかってくることがあります。

たとえば、パターン①の平坦な道で経験を積ませているとき、この部下は業務効率化に長けている、あるいは類型化するのが上手だ、とてもわかりやすいマニュアルを作る、といった得意な分野が見えてきます。

一方、この分野は向いていないな、という不得手なこともわかってくるでしょう。こうした部下の得手不得手を把握して、その人ならではの強みを磨いてもらうようにします。

部下が「できる」と思える自己効力感を育てる

人を育てるとき、キーワードのひとつとなるのが「自己効力感」です。

あまり一般的な言葉ではなく、似たような言葉でよく使われているのは「自己肯定感」でしょう。しかし、私は自己肯定感というものは、仕事をするうえではあまり意味がないと思っています。なぜなら、自己肯定感は常にある一定のレベルを保つものではなく、状況によって上がったり下がったりするからです。

自己効力感とは、自分のなかで「できる」あるいは「できるかもしれない」と前向きに思うことです。

あくまでも自分自身の内側から湧いてくる力で、ほかの人がどう思うのかは関係がありません。自己肯定感とは違って、あるときには強く感じ、またあるときにはあまり感じないといったことはなく、常に心のなかに強く存在します。

自己効力感を持つと、自分が「できる」と思う事態になると貢献したくなって、

「私に任せてください」と手が上がるようになります。自分の強みとして自覚して、積極的にチャレンジする気持ちが湧いてくるのです。

自己効力感はさまざまなことを経験し、的確なフィードバックを受けることで育てられていきます。

同じような業務だけ回されて、チャンスはほとんど与えられず、うまくいってもほめられず、できなかったときには「だめだ」と言われ続ければ、自己効力感はまったく育っていきません。

上司としてはチャンスを与えてチャレンジの場を提供し、それと並行して、できたことを評価するなど、公平なフィードバックを心がけましょう。こうした職場環境のなかで、自己効力感は自然に育っていくものです。

仲間と味わう達成感が部下の自己重要感を育てる

自己効力感と似た言葉である「自己重要感」も、部下を育てるときの大切なキーワードです。

自己重要感とは、組織のなかで自分が重要な役割を担っていると思えることです。チームのそれぞれのメンバーが自己重要感を持っていれば、何か問題が起こったときなどに大きな効果を発揮します。

「この分野は私が得意なので、ぜひ任せてください」といったように、自分の強みをもってチームに貢献しようと、自発的に行動することができるようになるのです。

しかし、上司が部下と1対1ではなく、複数のチームメンバーをマネジメントしている場合、テレワークの環境のなかでは問題が生じやすくなります。

リアルな職場環境とは違って、チームのほかのメンバーの様子があまり見えないので、自分の役割に対する意識が薄れがちになって、自己重要感を持ちにくくなることがあるからです。

そこで、チーム全体をマネジメントする上司として、組織の一員としての意識を高めてもらうためにも、全体ミーティングを積極的に行うようにしましょう。一人ひとりが取り組んでいる仕事をオープンにするのが狙いです。

たとえば入社2年目のAさんはいま、パターン①の仕事量をこなすというミッションに日々取り組んでいます。

メンバーはこの情報を共有することによって、Aさんはよく頑張っているなと応援する気持ちになるでしょう。

あるいは入社5年目のBさんはパターン②の負荷のかかる仕事を回され、少しずつこなせていることが明らかになります。

すると後輩のなかには、次は自分もBさんのような負荷のかかる仕事を担当するようになるんだな、と気を引き締める者が出てくるかもしれません。

メンバーのなかで最も経験のあるCさんは、パターン③の困難な仕事を任されて、問題解決に向けて奮闘していることが知らされます。

後輩たちはこの情報共有により、C先輩はあんなに難しい案件を1人で解決していてすごい、自分たちもああなりたいと、尊敬の念を抱くことでしょう。

チームのメンバーはそれぞれの動きを知ることによって、仲間を応援する気持ちや尊敬する思い、難しい局面を乗り越えようとする気力などが自然と湧いてくるようになります。

こうしてほかの人のチャレンジする様子を共有し、あいつも頑張っている、自分だけが大変なわけじゃない、よし、もっと頑張ろうと、チームの一員としての思いがどんどん強くなり、自己重要感も高まっていきます。1対1の面談に加えて、全体ミーティングを積極的に行うことが非常に重要なのです。

第6章

チームを育てて組織の成果を最大化する仕掛け

オンライン下でチーム力を高めるには、リアルな環境よりもはるかに、組織の結びつきやオープンさ、「お互い様」と思う気持ちが大事です。すぐに実行に移せる重要なポイントを伝授します。

「コミュニケーションののりしろ」を大事にする

リアルな環境のなかでは、チームメンバーとお互いに顔を突き合わせながら仕事をします。

今日はAさんが上司にほめられている、Bさんが叱られている、あるいはチーム全体の状態が良好かどうかといったことが、メンバーの一人ひとりが実際に見たり聞いたり、肌感覚で感じ取ることができます。

しかし、テレワークになると状況がガラッと変わります。オンラインのときには、モニター越しでメンバーの様子がわかりますが、オフラインになったら情報を入手することができません。仲間同士のつながりが希薄になるなかで、仕事をしなければならないのです。

こういった状況下では、必要最小限のコミュニケーションしかできなくなる可能性があります。そこで上司から部下まで、チームの一人ひとりが情報を積極的に提供し、自分からも取りに行くことが欠かせません。

情報提供で重要なのは、単なる事実の報告にとどめないことで、仕事とはさほど関係ないような話もあえて加えるのがポイントです。これを「コミュニケーションののりしろ」と呼んでいます。

余白部分であるのりしろがあってこそ、2枚の紙をぴったり貼り合わせることができます。人と人の関係性もこれと同じです。

ビジネスを進めるうえで必要な連絡事項だけではなく、いま取り組んでいる仕事の背景や決定にいたった経緯、周辺情報、あるいは仕事に直接関係のない雑談のような話も積極的に交わしましょう。

こののりしろによってチームメンバーのコミュニケーションが深まり、一人ひとりをより強く結びつけることができます。

のりしろを提供するのは、上司が部下に向けて、あるいはその逆方向や部下同士など、あらゆる関係で行うことが大切です。

チームが大きくて10人ほどもいる場合は、内部に小さなグループをいくつか作って、それぞれに中堅どころのハブ役を設け、上司である自分がチーム全体を統括するケースもあるでしょう。

こういった場合は、それぞれの小さなグループのなかでも、のりしろを大事にするコミュニケーションを図ってもらうようにしましょう。

自分とチームリーダーはもちろん、チームリーダー同士の間でも仕事以外の雑談的な情報を提供し合います。

人との結びつきが弱くなるテレワークの環境のもとでは、こうした網の目のような細やかなコミュニケーションが欠かせないのです。

雇用形態や家庭環境など個々の事情を知っておく

会社からテレワークを指示されても、なかにはプライベートな事情から、在宅での仕事を徹底しにくい人たちもいます。

甘えたい真っ盛りの子どもがくっついて離れない、夫婦そろってテレワークになってワーキングスペースが足りない、ネットワークの環境が整っていない、といったようなことがあげられます。

マネジメントする上司は部下と面談して、こうした困ったことはないか、丁寧に事情を聞き取っておく必要があります。

このときに問題となるのは、得た情報をどこまで開示するかということです。

メンバーのなかには、テレワークに最適な環境ではないことをチームの仲間に理解しておいてほしい、と思う人もいるでしょう。

そうではなく、身近な仕事仲間であってもプライベートなことは知られたくない、という人がいるかもしれません。

チームリーダーには守秘義務があるので、聞き取ったことを本人の了承がないまま、ほかの人に漏らすのはNGです。聞き取るときには、チームメンバーにどこまで伝えていいのか、きっちり確認しておきましょう。

詳細な事情は知られたくないという場合は、何かあったときにはほかのメンバーに「Aさんは家庭の事情があって」という程度にとどめるようにします。

ここはとてもセンシティブなところなので、十分注意しなければなりません。不用意に情報が漏れてしまうと、上司に対する不信感からチームの足並みがそろわなくなる恐れもあります。

テレワークになった場合、それぞれの家庭環境に加えて、メンバーの雇用形態についても配慮してほしいと思います。

正社員はテレワークを指示される一方、契約社員や派遣社員は出社を求められるケースが少なくないからです。こうした場合、なぜ自分だけがテレワークができないのかと不満を持つかもしれません。

業務内容などから、テレワークでも十分仕事が可能、あるいは在宅のほうが効率が上がると判断できるのなら、マネジメントする上司としては考えどころです。

仕事で障害となっていることがあれば、取り除いていくよう働きかけるのがマネージャーとしての大きな役割。出社を求められたメンバーのなかにテレワークを望む人がいるのなら、会社と交渉するのが管理職としての望ましい姿でしょう。

会社の取り決めを変えようとするのですから、面倒な交渉になるかもしれませんが、こうしたときに上司がどう行動するのかを、部下はよく見ています。会社に対して何も言わないまま、ルールだからできないと杓子定規な対応をすれば、部下は失望してしまうでしょう。

チームをより良い形にするため、上層部ともやり取りできる頼りがいのある上司になってください。

「お互い様文化」の醸成が長期的成功のカギ

テレワークを導入する企業は、これからますます増えていくでしょう。

実際に取り組んでみると、意外なほど仕事の効率が上がり、費用などの無駄を省くこともできるからです。企業が長期的な成功を収めるためには、より良い人材の確保が重要です。少子高齢化による人材不足を解消するためにも、多様な人々を採用することが必要ですから、どういった業界・業種であっても、テレワークは欠かせないワークスタイルになるはずです。

今後はさらにテレワークやフレックス導入もOKといった、自由な勤務形態も進むでしょう。こういった場合は、お互いに少しずつ譲り合い、カバーし合いながら仕事をする「お互い様文化」を醸成するのが肝心だと私は考えています。

テレワークを希望する状況としては、さまざまなことが考えられます。たとえば小さな子どもがいて、預け先が見つかるまでは自宅で仕事をしたいと思う場合もあるでしょう。子どもが病気になって、学校や幼稚園・保育園を休むときはなおさらです。介護している家族がいる場合も、在宅での仕事が認められればありがたいものです。

子どもや親の面倒を見るだけではなく、自分自身も事故や病気で、いつどういった状況に陥るかわかりません。交通事故にあって、入院するほどではないものの松葉杖が必要となり、通勤するのが難しくなるといったことも考えられます。

病気になって手術し、自宅で投薬治療をすることになったが、パソコンは使えるのでテレワークに支障はない、というようなケースもあるでしょう。

そして、チームの誰かがこういった状況になったとき、上司はそれを許可し、ほかのメンバーたちも当然のことだと思う。テレワークが社会に一層浸透していくなか、こうしたチームを目指すのが正しいのではないでしょうか。

出社しにくい部下に対しては、新しい仕事のスタイルであるテレワークを臨機応変に活用することをおすすめします。

もちろん、テレワークと休暇は分けて考えるべきです。個人の事情があっても仕事のパフォーマンスは100％出せること、オフィスに出社せずとも仕事は十分可能だと証明できることが前提ですので、そこはくれぐれも間違えないように部下に理解させる必要があります。

ほかのメンバーにお互い様だと思ってもらうには、本人が日ごろから働きぶりを認めてもらう必要があります。じつは私自身も20年ほど前、2人の幼かった子どもが立て続けにインフルエンザになり、2週間ほど出社できなくなったことがありました。

このとき、「在宅で仕事をさせていただけませんか」という私のお願いを、上司は快く受け入れてくれました。普段から仕事はできるだけ早く進めるように心がけており、そういった姿勢を評価してもらったのだと思います。

チームを統括するマネージャーとして、お互い様文化には実績や信頼関係が欠かせない、ということを理解してもらうようにしましょう。

テレワークの制度が会社にあれば使う権利はありますが、その前に仕事の義務を果たす必要があることが大前提です。肝心なのは義務と権利。ここを崩してしまうと職場内で不協和音が鳴り出します。十分注意してください。

不得意なことを宣言して、お互いカバーし合う

第4章の「部下のキャリアの指向性」のところでも触れましたが、苦手なことは誰にでもあります。そういった不得手な部分に対して、必要以上のダメ出しをしないように気をつけましょう。

チームのメンバー全員を同じようなタイプに育てる必要はありません。誰しも強みがあれば、弱みもあるものです。せっかく尖っている個性的な部分があるのに、そこを削ってしまえば面白みのない作業員をたくさん育ててしまうことになります。

全員が同じスキルを持ち、同じレベル感であることを求められるような職場もあるでしょう。しかし、ダイバーシティ（多様性）を認め合えるような職場であれば、育成について以下のように考えてみてはいかがでしょうか。

ジグソーパズルを思い浮かべてください。それぞれのピースにはでっぱりやへこんでいる部分がありますが、うまく組み合わせると美しい絵に仕上がります。

チームで仕事をするのもこれと同じで、一人ひとりが自分ならではの強みを発揮しながら、弱い部分はほかのメンバーの強みで補ってもらうのが理想です。こうしてチーム全体でカバーし合うことにより、仕事はスムーズに進んでいきます。

ただし、尖がった強みの部分を出し過ぎると、逆に弱みになってしまうことがあるので注意しなければなりません。

一例として、完成度を高めていくことが得意な人の場合で考えてみましょう。適性な範囲でその強みが発揮されれば、たとえば資料作成などの際にわかりやすく色分けされたり、適切な図表が入ったり、見出しにインパクトがあったりと、レベルの高いものを仕上げることができます。

しかし、良いものにしたいというこだわりが強過ぎてしまうと、必要以上に精度を高めていくことで納期を守れなくなるかもしれません。

また、同じタイプの人が新商品を開発する場合、強みを過度に出してしまうと、コストがかかり過ぎて現実的ではない、という失敗に陥る可能性があります。

強みを最大限に活かすには、こだわり過ぎて弊害が出る前に、誰かがフォローすることが必要です。

完成度を高めたい人の場合、スケジュール管理に長《た》けた人や、コスト意識がしっかりしている人と組めば、チームとして優れた仕事ができることでしょう。

もうひとつ注意したいのは、テレワークではある人が過度にこだわっても、ほかのメンバーには見えづらいことです。

たとえば完璧主義者の人が資料作りに没頭しており、周りがまったく気づかないでいると、仕上がるのが遅れてしまうといったトラブルが起こります。

こうしたリスクを避けるためには、一人ひとりの強みと弱みについて、上司が前もって聞き取っておくことが肝心です。

聞き取りの際には、まずは上司が率先して自己開示をしましょう。

「私はITがちょっと苦手なところがあるので、この分野を得意とするAさんがときどきフォローしてくれるとありがたい」といったように、自分にも苦手とすることがあると打ち明けると、部下たちも話しやすくなります。

上の立場になったら部下に弱みは見せたくない、と意地を張るマネージャーはよくいますが、ここはあえて自分から開示してほしいと思います。

誰かの弱い部分がわかると、そこを得意とするほかの人が能力を発揮するチャンスにつながります。

「そこが苦手なら、私はこの前やったばかりだからチェックしましょうか」「私はそういったことはけっこう得意なんですよ。ある程度まとまったら声をかけてください」

こうしたコミュニケーションが自然に取れるようになると、チーム力が一層強くなっていきます。

ただし、第4章で触れた社会人として必要な基礎力についてはカバーし合うものではありません。部下が自分から身につけるようにフィードバックしましょう。

グレーゾーンに落ちたボールを拾う人を評価する

最近、「ジョブ型」と呼ばれるスタイルに移行する企業が見られます。欧米では主流になっている方法で、各自のやるべき業務が職務定義書（ジョブディスクリプション）に書かれており、そこに書かれている業務に沿って仕事を進めていくものです。

こうした仕事のスタイルは、じつはテレワークに向いています。やるべきことをあらかじめ決めていると、一人ひとりの仕事があまり見えなくてもマネジメントしやすいからです。今後、テレワークがさらに浸透していくなか、ジョブ型の働き方は一層増えていくと見られています。

ジョブ型には、会社が必要とする人材を明確にできる、評価の基準がはっきりするといったメリットがあります。

その一方でデメリットもあり、仕事の範疇《はんちゅう》が明確になっているので、それ以外のことには手を出さなくなってしまいます。

仕事は言われたことだけをやっていればいい、というほど単純なものではありません。自分の仕事しか見ないでいると、さまざまな弊害が出てくる恐れがあるでしょう。ジョブ型を採用した企業、あるいはジョブ型までいかなくても業務内容をある程度明確にした企業で働く場合、こうしたデメリットがあることを頭に入れて、マネジメントしなければなりません。

なかでも注意が必要なのは、想定外の事態が発生したときの対応の仕方です。ボールが白いゾーンに落ちたらAさんが拾い、黒いゾーンに落ちればBさんが拾う。こう決められていたとしましょう。

では、事前に想定していなかったその中間、グレーのゾーンに落ちたボールは誰が拾うのでしょうか。仕事の割り振りがはっきり決められていた場合、そのボールは誰も拾わないという事態が起きてしまいます。

決められた自分の仕事ではないから、わざわざ労力をかけてボールを拾っても、評価されることはない。だったら、見て見ぬふりをしたほうがいい。このように考えても不思議ではないでしょう。

こうした考え方で仕事に向き合っていると、やがて大きなトラブルが発生する可能性があります。

ジョブ型、あるいはジョブ型に近いスタイルで仕事をする場合、グレーゾーンの仕事についても評価する仕組みを作っておくことが求められます。

チームをマネジメントする上司としては、誰も拾わないようなボールにこそ率先して向かってほしいこと、そうした動き方を十分評価することをメンバーに伝えておくようにしましょう。

そして、今期起きたグレーゾーンの仕事を次の期には誰の役割にするのかなど、職務定義書は毎年見直す必要があります。いまそのようなものがないのであれば、まずはいったん職務定義書に近い内容の文書を作成してみて、それを都度アップデートしながら作り込んでいきましょう。期末時の部下の評価にも役立ちます。

不公平感をなくすための オープンな組織づくりを意識する

あの仕事がうまくいっている、大きな金額の受注になる、お客様に高く評価されている。こういった耳に心地良い情報は、すぐに上司まで届くことでしょう。

しかし、強くて風通しの良い組織をつくるためには、ポジティブな情報もネガティブな情報も、どちらもオープンにしていく必要があります。悪い情報にフタをして前に進み続けることほど組織として危険な動き方はありません。

組織の風通しを良くするためには、会議の進め方に配慮が必要です。

会議では会社としての決定事項がよく伝えられます。現場で働くメンバーも、知っておくべきことでしょう。

けれども、本人たちの関心事は「3か年計画の目標」といった大きなものではありません。それよりも、日常の仕事に影響するようなことのほうが重要なのです。

あなたが話す会社の方針を聞きながら、仕事がやりにくくなりそうだ、現場の動きをあまり考えていないな、といったことを考えているかもしれません。

こうした不満や不服、不公平さといった「不」のつく感情を会議のなかで表せない場合、上司と部下の溝はしだいに深まっていきます。自由に発言できるオープンな雰囲気にして、もやもやした気持ちも言葉にできるようにすることが大切です。

反応を知りたいときには間を空ける、あるいは「ぜひ意見を聞かせてほしい」などと積極的に投げかけて、チームとしてのコミュニケーションをしっかり取るように心がけましょう。

業務改善や問題解決はいつも「不」の感情からはじまるのです。フタをすればいつかどこかで「不」の感情が噴出し、キーパーソンが辞めたり業務が破綻してトラブルが起きたりするものです。テレワークではそれがさらに見えにくい状態になるので、意識して部下の「不」の感情を拾っていきましょう。

チームを活性化する すぐにできる仕掛け10のヒント

チームを活性化したいというのは、マネジメントする側の強い願い。そのために役立つヒントを紹介しましょう。テレワークのオンライン会議などに限らず、部下と接するリアルな環境でも使えることなので、いろいろなシーンで実行してください。

①笑顔

オンラインでは胸から上しか見えないので、表情は非常に大切です。

ポイントのひとつは口角で、両端を上げると表情が柔らかくなります。モニターでは表情がわかりにくいので、歯を10本以上見せるくらいの勢いで、やや大げさな笑みを浮かべるようにするのもいいでしょう。

もうひとつのポイントが目尻。上下・左右を順番に見たり、目をぐるぐる回したりすると、目の周りの筋肉である眼輪筋が鍛えられて、自分の思うような表情を作りやすくなります。また、好きなものを見ると表情が柔らかくなるので、会議前にそういった写真を見たり、お気に入りのものを机の上に置いたりするといいでしょう。

②挨拶

テレワークでも、きちんと挨拶することは欠かせません。「おはようございます」には「今日も1日よろしく」、「おつかれさまでした」には「今日も頑張ってくれてありがとう」という気持ちを込めましょう。事務的なものではなく、心から挨拶することで場は活性化するものです。

上司の挨拶には、部下のヘルスチェックという大事な役割もあります。こちらから「おはようございます」と言っても、返してくる挨拶に元気がなく、うつむいたままでいる。こうした反応があった場合、「どうしたの？」「疲れているのかな？」などと話しかけて、心身の健康状態を聞き取るようにしましょう。

③家族を気づかう

部下が家族と一緒に暮らしている場合は、「ご家族は元気にしていますか？」といったように気づかいの言葉をかけると、大事にされていると伝わります。特に小さい子どもがいる場合は病気になりやすいので、「寒くなったけど、お子さんの体調はどう？」などと声かけをしましょう。こうした気づかいをするのは部下本人に対しても大切で、気づかいが伝わるひと言を意識してかけるようにしましょう。

④アイスブレイク

「みんな集まりましたね。では会議をはじめます」と事務的にオンライン会議をスタートすれば、参加するチームメンバーの心がなごみません。本題に入る前に、天候の話や時事ネタ、ちょっとした失敗談など、何でもいいので場が潤うような話をすることがおすすめです。

Ｚｏｏｍでバーチャル背景にしている人がいれば、「いまどこにいるの？」「旅行先から参加しているの？」などと突っ込むのもアイスブレイクの効果があります。

背後に見えるインテリアに特徴がある場合は「棚がおしゃれだね」といった具合に話しかけるのもいいでしょう。

⑤Good & New

場をなごませたいけど、何を話せばいいのかわからない。こういった人は「良かったこと」「新しい発見」を発表し合う「Good & New」の手法を使って、「最近良かったこと、新しくはじめたことは何ですか？」と問いかけましょう。「家族と過ごす時間が多くなったのが良いですね」「筋トレをはじめました」といった答えが出るたびに、みんなで拍手をして気持ちを共有します。楽しいことを口にするとポジティブな感情を思い出すので、前向きな気持ちで会議をスタートすることができます。

⑥自分がしてほしいように扱う

これは会話をするときに重要なゴールデンルール。自分ならこうしてほしい、というようなことを相手に行って、良い気分になってもらう方法です。たとえば、会議で名前を呼ばれて意見を求められるのがうれしいのなら、「Aさんはどう考えますか？」と指名するようにします。

もう一歩進んだ手法として、前もって質問の予告をしておく手があります。「意見を求めるのは会議の中盤がいいですか？　それとも締めくくりのほうがいい？」などと事前に聞いておく方法です。こうしておいてから会議中に促すと、気分良く話してくれることでしょう。

⑦誰かの話を引用してほめる

「お客さんのAさんが、あなたのプレゼンはわかりやすいとほめていたよ」「開発部のBさんは随分、あなたのことを買っているようだね」。相手を直接ほめるのではなく、「あの人はこう言っていた」という形でポジティブな情報を伝えるほうが、じつは気分が良くなるものです。ただし、ウソを言うのはNG。あとでばれたときに信用してもらえなくなり、関係性が悪化します。

⑧サンクスレター

面と向かってほめるのではなく、メールなどにして届けるのも効果があります。

たとえば、チームのAさんが難しい案件を受注した場合、「Aさんが快挙を達成しました。おめでとう」といったメールをccでほかのメンバーにも送ると、本人は誇らしく思うものです。また、顧客から誰かを名指しでほめたメールをもらったときには、チーム全員に転送するのもいいでしょう。

⑨インタビューマニュアル

テレワークでは個人の仕事が見えにくくなるため、仕事の「属人化」といって、当人以外では業務内容がわからなくなりがちです。何かあったとき、ほかのメンバーでも対応できるようにするためにマニュアルを作っておきましょう。

ただし、当たり前に毎日こなしていることをマニュアル化するのはけっこう難しいものです。そこで、その業務の習熟度が低い人が高い人にインタビューし、聞き出したことをまとめてマニュアル化してみましょう。

その仕事がわからない人間が作ることによって、逆にとてもわかりやすいマニュアルになります。おすすめのやり方なので、ぜひトライしてください。

⑩FAQ

「よくある質問」をチーム内でまとめておくのも、活性化するのに効果的。ポイントはチーム全員でランダムに参加することです。

たとえば、ある仕事のプロセスについて、Aさんがわからないことがあった場合、自分で調べて答えを見つけて、「よくある質問」の形式でまとめ、チーム全員で閲覧できるようにします。

次にBさんが別の疑問を抱いたら、同じように調べて追加。こうしてCさん、Dさんも……といったように加えていくと、非常に優れたFAQができあがっていきます。こうしたFAQをプロセスごとに作っておくと、わからないことがあった場合、わざわざ調べる手間が省け、仕事はぐっと効率化します。

できそうなところから手をつけてみてください。意識して取り組んだことは必ず結果が出ます。実際に仕事上で取り入れ、コツコツと積み重ねていってください。

テレワークだからこそ、あれこれチャレンジしてみて、チーム内で振り返りを行いましょう。「うちの上司、頑張ってるなぁ」「新しいことにチャレンジする姿勢に共感する」などと部下が思ってくれるかもしれません。そして、部下からさらなる提案が上がってくるかもしれません。こういったプロセス自体がチームの連携を育てていくのです。

第7章 テレワークで部下がぐんぐん育つ実践策

オンラインでの会議の仕方や
仕事を覚えるためのロールプレイング、
シャドーイングにはコツがあります。
部下を育てるには、何気ない雑談タイムや
相談しやすい環境づくりも大切。
具体的なやり方を身につけましょう。

会議で人を育てるための役割分担とルール

テレワーク中心で仕事を進める場合、オンライン会議を頻繁に開催することになります。会議のなかで人材育成を図るために、4つの役割を担う人を立てるようにしましょう。

まず必要なのは司会進行役で、趣旨の説明や発言者の指名などを担当します。

次に、書記の存在も欠かせません。オンライン会議では主にZoomなどのシステムを使いながら、モニター上でチャットやパワーポイントなども利用して議論の内容を可視化していきます。書記はそういったツール操作のサポートをします。

会議に参加しながら、発言内容をWordなどで打ち込んでいけばなおいいでしょう。会議が終わった時点で議事録ができあがるのでとても効率的です。

IT初心者には難しいパソコン操作が求められるので、書記役は高いITリテラシーを持ち、スピーディーに文字入力できる人が適しています。

タイムキーパーも必要です。オンライン会議は長時間続けると、どうしても集中力が切れたり疲れたりします。このため、リアルな環境で開く会議の3分の2程度の短い時間でまとめるのがいいでしょう。

タイムキーパー役は時間の効率化と会議全体の時間短縮を意識し、導入部分は5分程度、ディスカッションの時間は30分ほど、最後の締めは5分ほどでまとめましょうといった具合に、時間をチェックするだけではなく、積極的に時間管理をすることが求められます。

会議のスタイルによっては、発表者も事前に決めておきましょう。

ある程度大人数が参加するオンライン会議では、各種オンライン会議システムのブレイクアウト機能を使って、少人数のグループに分かれてディスカッションするケースがあります（ブレイクアウト機能はZoomが有名ですが、他社も順次実装の予定）。この場合、各チームで話し合ったことをまとめて発表する人が必要なので、あらかじめその発表者を決めておくと会議がスムーズに進行します。

オンライン会議で必要なこうした役割は、チームメンバーに交代で担当してもらうようにするのがいいでしょう。会議を開くたびにいろいろな経験を積み重ねて、貴重なスキルを得ることができます。

オンライン会議で注意したいのは、たとえば10人参加している場合、何となく自分は10分の1の小さな存在だという感覚になりがちなことです。特に画面が分割されて、自分の姿が小さく映し出されると、そういった気分になってしまいます。

そこで、より主体性をもって会議に参加してもらうためには、一人ひとりを積極的に指名して意見を引き出すことが大切です。

会議の途中で、「この点についてAさんはどう思う?」「Bさんの考えが聞きたいな」といったように、まず名前を呼びかけてから意見を聞きましょう。いつ名指しされるかわからない、といった緊張感のある空気を作ると、参加者は一層真剣に話を聞くようになります。

上司としては、発言してくれた意見や割り振られた役割について、「いい点をついていたね」「こうしたらもっと良くなるよ」などと必ずフィードバックして、経験値を高めてもらいましょう。

なお、オンライン会議を円滑に進めるには、リモートの特性に合わせたルールも必要です。リアルの会議と大きく違うのは、モニター上で小さく映し出されると聞き手の表情がわかりにくいことです。

どれほど真剣に聞いているのかがわかりづらいので、発言する人によっては、聞き手の反応がもらえないとテンションが下がってしまう場合もあります。せっかくの意見も最後まで言い切らずに終わらせてしまってはもったいないです。

そこで、「あなたの意見をしっかり聞いていますよ」とアピールするため、普段よりもボディーランゲージを1・5倍ほど大げさにするようにしましょう。特に笑顔でうなずく、前のめりの姿勢を見せることなどにより、聞き手の興味を体で表現できます。

また、オンライン会議システムの機能を使って会議を盛り上げる手もあります。各種システムには反応ボタンという機能があり、クリック（タップ）すると「拍手」「いいね」が表示されます。この機能を使って、積極的に会議を盛り上げていくことも大切です。上司の応援は部下にとってうれしいものです。決して腕組みをして苦虫を噛みつぶしたような表情では聞かずに、自分なりの応援を送りましょう。

そして通常の会議とは違って、音にも注意しなければなりません。オンライン会議システムの限界として、現在の仕様では一番大きな音だけがスピーカーから流れます。たとえば、発言の途中でも緊急車両のサイレンなどが鳴れば、その音が優先的に流れてしまいます。

またプライベートな生活音が入り込む場合があるので、自分が発言しないときにはマイクをミュート（無音状態）にしておきましょう。もちろん参加者の数にもよるので、少人数での会話の場合には「ミュートを外して発言しましょう」と投げかけることも臨機応変に求められます。

左ページに、オンライン会議であらかじめ共有しておくと良いルールを例示しました。参考にしてください。

オンライン会議のルール例

① カメラ	◎参加者は全員カメラをオンにしよう
② 音声	◎発言者以外は音声をミュートにしよう ◎音声もオンにしたまま参加しよう
③ 発言の呼びかけ	◎途中で発言したくなったときは声をかけよう ◎ボディーランゲージで伝えよう ◎反応ボタンで手を挙げよう ◎チャットに発言したいことを書き込もう
④ 発言の内容	◎結論から言おう ◎理由まで伝えよう
⑤ 意思決定の方法	◎話し合って結論を出そう ◎最後は全員が納得のうえで多数決にしよう
⑥ 時間管理	◎時間を厳守しよう ◎結論を出すまでやろう
⑦ 反応	◎ボタンを使おう ◎ボディーランゲージで表現しよう

勉強会の定期開催で持ち回り講師に

オンライン会議のシステムは、勉強会をするのにとても向いています。テーマは何でもかまいません。得意とする分野のことを教えてもいいし、自分なりのノウハウを紹介するのもいいでしょう。新しく開発された商品を勉強するために開き、参加者全員で学ぶという手もあります。

役に立つ本を見つけたので、みんなで一緒に読み進めませんか？と呼びかけるのも興味を引きそうです。毎週1章ずつ読んできてもらって、感じたり考えたりしたことを勉強会で共有します。

特に大きな学びにつながるのは、自分が身につけている知識やテクニックをほかの人に教えることです。教えるためには、いろいろな質問を投げかけられることを想定し、わかりやすく答えるために準備しなければいけません。

勉強会に向けて準備すること自体が、考える力をつけるための訓練になります。聞き手に納得してもらえるまで自分の言葉でしっかり説明するという、プレゼンテーションなどで必要とされる伝える力もついていきます。

自分がマネジメントするチームのメンバーに、こうした勉強会を持ち回りで定期的に開いてもらいましょう。

開催は週1回程度で、30分から1時間ほどの短い時間でかまいません。大事なのは1回限りでやめず、継続させることです。

1年もたったころには一人ひとりが大きく成長し、メンバー間のコミュニケーションも以前よりずっと深まっていることでしょう。

一人前に育てるための「シャドーイング」

「シャドーイング」という人材育成の手法があります。新人や経験の浅い人が上司や先輩にシャドー（影）のように貼りついて、同じ仕事を真似て行いながら覚えていくやり方です。

たとえば、先輩のAさんは顧客対応が主な仕事で、頻繁にメールのやり取りをしています。そのAさんに新人のBさんがシャドーとしてつき、Aさんと同じようにメールを作成していくのです。

Aさんが実際にメールを出すたびに、その相手や趣旨などがBさんに伝えられます。そして、BさんはAさんならこういったメールを書くのではないかと考え、自分でも作成します。

ただし、Bさんは見習いですから、自身のメールが社外に出ていくことはありません。要するに、BさんはAさんの仕事の一部を疑似体験するわけです。これなら業務の内容によっては、リモートでも行っていくことができます。

ある程度このやり方を進めてから、AさんとBさんのメールを照らし合わせて検証します。この書き方は良い、ここは言葉が足りないといったようにチェックされるか、BさんはAさんの仕事のやり方を覚えていくのです。

はじめのうちは、メールの書き出しなどを少しだけ見せ、方向性だけを教える方法もあります。上達していくにつれ、このカンニングはやめて、自分の頭だけで考えてもらうようにします。

そのうちAさんと同じようなレベルまで上達したら、シャドーイングによる研修は終了。Bさんは見習いの身分を卒業し、晴れてデビューできることになります。

こうして現実に沿って練習しながら、仕事のやり方を習得しようとするのがシャドーイング。新人が仕事を学んでいくなか、上司や先輩は自分の手をほとんど止める必要がありません。とても効率の良い方法なので、人材育成にぜひ取り入れることをおすすめします。

顧客対応力を高めるための「ロールプレイング」

仕事を疑似体験するロールプレイングも、オンライン会議システムを使うと効果的に行うことができます。

よくある具体的な場面を想定し、相手が顧客などの役になり切って、応対などの練習をするのがロールプレイングです。特にオンライン会議システムに向いているのが電話応対で、お互いにカメラ機能をオフにすると、電話で話しているのに近い状態で練習することができます。

ただし、はじめのうちは表情を観察したいので、カメラ機能をオンにして行うほうがいいでしょう。部下の話す様子がわかるので、一層良い訓練になります。

電話応対は明るい声を出すことが非常に大事。モニターを通じて、電話応対役をする部下の口角が上がっているか、背すじがピンと伸びて姿勢が良いか、といった明るい声を出すために必要な要素を確認します。

チェックして気がついたことは、しっかりフィードバックして伝え、改善や自信につなげるようにしましょう。明るい声を出せるようになったら、カメラ機能をオフにしてロールプレイングを続けます。

電話応対のほかに商談やプレゼンテーションなども、ロールプレイングで疑似体験するのに向いています。

ロールプレイングをするときは、1回ごとの課題を前もって明確にしておくことが大事です。

明るい声で聞き取りやすく話す、相手が疑問を持たないような明確な電話応対をする、新商品についてわかりやすく説明する、といった課題を事前に出して行い、終わったら必ずフィードバックします。

回を重ねるごとに課題の数を増やしたり、難易度を上げていったりするなど、より勉強になるように工夫して行いましょう。

朝礼・昼礼などの「顔合わせタイム」

私が社会人になったばかりのころは、朝礼や昼礼を行う会社がよくありました。このときだけは、社員や同じ課などのメンバーが一堂にそろい、社長や管理職が短い時間話をして、今日も頑張りましょうということで気を引き締めるわけです。

しかし、時代が移り、業務の効率化が重視されるようになって、朝礼や昼礼はほとんど行われなくなりました（もちろん業界や業種によっては、いまも朝礼・昼礼・終礼を行っている企業もあります）。

テレワークで在宅勤務の人が増えたり、フレックスタイムで出社時間がバラバラだったり、本社以外に設けたサテライトオフィスに出勤する人もいたりと、社員を同じ時間、同じ場所に集めることも難しくなっています。

朝礼や昼礼なんて、いまどき時代遅れだと思う人も少なくないでしょう。けれども、テレワークが進んでいく状況のなかでは、意外にもメリットが大きいのではないかと私は考えています。

というのも、毎日顔を突き合わせるリアルな環境と比べると、人と人との触れ合いが極端に少なくなるからです。その結果、上司と部下、あるいは部下同士でコミュニケーションを取る機会も激減してしまいます。

そこで、あえて朝礼や昼礼のような「顔合わせタイム」を復活させるのです。1日1回、短い時間でいいので、同じチームで働くメンバーがリモートで集まるようにしましょう。

こうした一堂に会する機会があるだけで、メンバー間の意思の疎通はぐっと良くなるはずです。表情を見たり話をしたりすることで、部下のヘルスチェックや情報共有もできるし、気軽に相談しやすい雰囲気にもなるでしょう。

みんなで顔を合わせることのメリットを見直して、ぜひチームの文化として取り入れてほしいと思います。

雑談と相談がフラットにできる「ざっそうタイム」

給湯室に行ったら同僚がいて、コーヒーをいれながら雑談を交わす。会社の玄関で先輩にばったり会って、立ち話で少し相談をする。

こうした何でもない雑談や相談をすることは、リアルな環境ではごく普通にあります。しかし、テレワークをしていると、このように偶然出会ってちょっとした話を交わす機会はありません。

繰り返しになりますが、テレワークで在宅勤務が多くなると、どうしてもコミュニケーションが不足しがちになります。人間関係が無味乾燥になることも多いでしょう。このため、せっかく入社した新人がメンタルダウンし、突然辞職するといった残念なことも実際に起こっています。

こうした不幸な事態を避け、チームメンバー間の人間関係を良好にするために、気軽に雑談や相談ができる「ざっそうタイム」を作ることをおすすめします。

そのためだけの時間を作るのもいいし、1日1回の「顔合わせタイム」を利用するのも、オンライン会議の前後で時間を少々取るのもかまいません。どういった形でもいいので、リラックスして話せる場を設けるようにしましょう。心がなごむような、ちょっとした潤いの時間を持つのと持たないのとでは大違いなのです。

リモートでの雑談になれておらず、チームメンバーが話しにくそうだったら、まずは上司のほうから何か話題を提供するようにします。場がほぐれて雰囲気が柔らかくなったら、部下たちも気が楽になって口が開くことでしょう。

部下たちの話を聞いていると、A君はこういったことを思っているのか、B君が興味があるのはこういうジャンルか、などといろいろと発見があるはず。「ざっそうタイム」は部下たちの情報をキャッチする場としても大切なのです。

考える時間や作業時間を宣言する「集中タイム」

1人でテレワークをしていると、どうしても仕事への向き合い方が単調になりがち。チームをマネジメントする上司としては、1日のなかでメリハリをつけるような提案をしたいものです。

たとえば生理学的に見て、いちばん集中しやすい時間帯は朝なので、10時半までの間はチームの「集中タイム」に設定。特に緊急の用事があるとき以外は、お互いに連絡しないで仕事に集中しましょう、という取り決めをする方法があります。

これに対して、1日のなかで最もだらけやすいのは昼食後。血液が消化器官に集まることにより、脳の血流が少なくなって眠くなってしまうからです。特にテレワークの環境だと他人の目がないので、リアルな職場で仕事をする場合よりも、一層だらだらしやすくなります。

そこで、午後イチは「顔合わせタイム」や「ざっそうタイム」にして、コミュニケーションを深める時間にするのはどうでしょう。毎日午後1時、リモートで全員集合ということにしておけば、その時間までに昼食を終えなければいけないので、生活リズムが乱れないというメリットもあります。

また、何か気になることが生じたとき、迷った場合などは上司に相談したいものです。しかし、テレワークでは頻繁に声をかけるのは気がひけるかもしれません。そうした状況を想定し、この時間帯ならいつでも声をかけていいという「相談タイム」を設けるのもいいでしょう。

たとえば午後3時から4時までは、上司である自分と部下がいつでもつながるようにオンライン会議システムを開いておきます。必要がない場合は、カメラとマイクをオフのままにしておき、相談者がシステムに参加したらオンにするわけです。

リアルな職場で管理職が個室を与えられている場合、なるべくドアを開けておく「ドアオープンの法則」があります。

こうすることで、「どうぞ、いつでもウェルカムですよ」というメッセージにつながり、ドアの前を通ったときに声をかけやすくなります。オンラインでもぜひお試しください。

こういったように、1日のなかでもメリハリをつけて、在宅でも仕事が進みやすい環境づくりをするのが上司であるあなたの大事な役割です。

第8章
チーム内でハラスメントを防ぐためのヒント

パワハラ、セクハラ、モラハラ、
マタハラ、テクハラ……。
テレワークの環境下では、
こういった各種ハラスメントが
発生しやすくなります。
予防と対処の仕方を知っておきましょう。

テレワークで起こりがちなハラスメントを理解しておく

テレワークが導入されて、チームメンバーとリモートで接するようになると、さまざまなハラスメントが起こりやすくなります。ハラスメントとは、簡単にいうと「大人のいじめや嫌がらせ」です。

たとえば、パワハラ（上位職の立場を使った嫌がらせ）、セクハラ（性的な嫌がらせ）、モラハラ（悪口や無視など嫌がらせ）、マタハラ（妊娠・出産にまつわる嫌がらせ）、テクハラ（ＩＴ知識の低さに対する嫌がらせ）などが代表的なものです。

そして、テレワークで起きる可能性がある新しいハラスメントとして警鐘を鳴らしたいのが「テレハラ」です。具体的には、さしたる理由もなくテレワークを強要されたり、逆にオフィスに出社するように強要されたりすることで、テレワーカーとノンテレワーカーでの評価の差別や情報格差なども含まれます。

上司としてチームの効率的な業務遂行を指揮することは大切ですが、部下への伝え方が不十分だったり、部下のプライベートも含めての状況理解が足りなければハラスメントと受け取られるリスクもあることを押さえておきましょう。また、チームメンバー同士でもテレハラが起きないように、上司としての配慮が必要です。

マネジメントする側は本来、部下をすぐ近くで見て、何かあったときには細かいフォローをしたいと思っているはず。しかし、テレワークの状況では仕事をしている部下の様子をチラチラ見たり、後ろを通るときにパソコンをのぞいて確認したりすることができません。

仕事中の部下の姿を見ることができず、指導やアドバイスも思うようにできないないか、上司の心のなかで不安がふくらんでいきます。この状況では部下をもっとコントロールしなければ、という気持ちが強まっても不思議ではありません。

一方、部下のなかには、テレワークになって働く環境が変化したことにより、ストレスを感じている人も少なくないでしょう。マインドがネガティブな状態になると、元気なときには何も感じなかった言葉や態度にも敏感に反応します。

テレワークが原因で強くなった上司の圧力に、弱まった部下のマインドが普段よりも敏感に反応してパワハラだと受け止められる。こういった残念な結果は、テレワークではとても起こりがちなことです。

リモートで仕事をする場合、セクハラも発生しやすくなります。プライベートな空間がモニターに映し出されるので、ジロジロ見られているという気分になりやすいからです。特に1対1になる面談などの際には注意して対応しなければいけません。

テレワークはまだ手探りで行っている人が多く、思ってもみなかった状況になることがよくあります。ハラスメントについても、想定外の事態になる可能性があることを十分理解しておきましょう。

自分が加害者にならないためのポイント

自分がハラスメントの加害者にならず、チーム内でも発生させないようにするには、事態が起こらない環境づくりが何よりも大切です。

まずは部下であるメンバーの状態をしっかり把握しておかなければなりません。環境が変化することに対して、前向きに受け止められる人がいる一方、不安を強く感じる人もいます。リアルな環境からテレワークになって、チームメンバーはどう感じているのか、面談の際などに一人ひとりから聞き取ることが大事です。

悩んでいると思われる部下がいれば、親身になって相談に乗ってあげてください。その場合、「問題を解決するために聞かせてほしい」「原因を明らかにしたいので、プライベートのことも聞いていいかな」といった具合に、質問する場合は目的をはっきり伝えるようにしましょう。

「どうして?」「何が嫌なの?」などと、事実だけを知ろうとする事情聴取のような聞き方をすると、相手は圧力を感じて追い詰められる気分になるかもしれません。こうなると、自分では相談に乗っているつもりが、逆にパワハラだと受け止められる可能性があります。

自分の感情に対しても注意が必要です。

リモートで向かい合うと、意志疎通が十分にできないことがあるので、イライラ感が募るときがあるかもしれません。こうした強い感情が湧いたとき、気分に任せて話をするのが最も悪いパターンです。

感情が高ぶってきたと自分でも感じたときは、「5分くらい休もうか?」などと言って、いったんオフラインにして気持ちを鎮めるのがいいでしょう。「改めて時間を取ったほうがいいかな」と仕切り直す手もあります。

オンライン会議や面談の前に、今日はイライラするかもしれない……と思ったときにはレコーディング機能をあえて使うのがおすすめです。

映像と音声が記録されると、高圧的な態度を示した場合はパワハラの証拠になってしまうので、抑止力となって、感情に任せた対応はできなくなります。

セクハラ防止については、相手のプライベート空間に興味がある素振りを示すのはもちろん厳禁です。リアルで接するとき以上に気をつかわなければいけません。

困ってしまうのは、モニター上の相手の背後に洗濯ものなどが映り込んでいる場合です。こうした場合、フランクな人間関係ができているなら、「おーい、何か映っているよ」と注意してもいいでしょう。ハラスメントは主観的なもので、相手が嫌な気持ちにならなければ問題はありません。

そういった軽口を叩けない場合は、「背景を白バックなどにしてはどうだろう。5分くらいオフにするからやってみる？」といったように、配慮を示しつつ指摘するようにしましょう。

部下からの聞き取りの際には、状況だけではなく、情況（感情も含めた相手の状態や事情）も理解する必要があります。また、自分の状況と情況を客観的に把握することも意識しておきましょう。

メンバー同士がトラブルを起こさないためのポイント

10人ほどのチームをマネジメントしている場合、小さなチームをいくつか作って、それを上司が統括する形はよく見られます。こうしたシステムで動いているのなら、上司はそれぞれのチームの状態を常に押さえておきましょう。

チームを組ませる場合、違う強みを持った人たちで編成したほうが良い仕事ができるとよくいわれます。しかし、仕事に対する強みが異なるだけではなく、メンバーの性格が正反対だったり、価値観がまるで違っていたりしたら、過度なストレスがかかってしまうかもしれません。

特にテレワークでは、小さなチームのメンバーの間で何か問題が起こっても、上司には見えにくいという特徴があります。

そうした問題が、何らかのハラスメントである場合も少なくないでしょう。テレワークでは上司と部下の間だけではなく、部下同士の間でもパワハラやセクハラ、テレハラなどが発生しやすいものです。

チーム全体をマネジメントする上司としては、小さなチームの仕事の進捗状況などを聞く際、チームはうまく機能しているか、人間関係は良好かといったことも丁寧に聞き取りましょう。

小さなチーム内で実際にハラスメントが起こった、あるいは起こりつつある状態に見える場合、上司としては見過ごしてはいけません。

テレワークでは何か問題が起こっても周りからは見えにくいので、状況がどんどん悪化していく恐れがあります。こうした人間関係のひずみは、ビジネスの成果にも表れてきます。

どうしてもうまくいきそうにないと判断したら、思い切ってチーム編成を変えるようにしましょう。ハラスメントが悪化すると、自分が率いるチーム内だけの問題ではなくなる場合もあります。

起こってしまった場合の一次対応のポイント

いまの世の中、ハラスメントは当然許されることではありません。しかし、本人は激励したつもりでもパワハラだと受け取られたり、冗談を言ったつもりがセクハラだと激怒される可能性もあります。また、業務命令のつもりのひと言がテレハラだと受け取られるケースも見られます。

ハラスメントかどうかは受け手である本人の捉え方次第ですが、人事の部署などに直接訴えられたら、問題はいきなり大きくなってしまいます。事実はどうあれ、職場内でそのような疑いがかかるようなことがあれば、現場の士気も下がります。テレワークの環境ではなおさらです。そうなる前にできるだけ早く情報をキャッチし、加害者が被害者に謝罪するチャンスを得ることが望まれます。

起こってしまったハラスメント対応としては、とにかく初動が大事です。また、起こらないようにする環境づくりはもっと大切です。

情報をいち早くあげてもらうためには、チームのメンバーとの間で、何でも相談してもらえる関係を作っておかなければなりません。テレワークでは意志の疎通がしにくいので、1対1の面談や「ざっそうタイム」などを通じて、積極的にコミュニケーションを深めておきましょう。

チームのなかでハラスメントがあることがわかったら、すぐに被害者と加害者の双方から話を聞き取ります。

加害者が謝罪する程度では収まらず、被害者が激怒していたり、怯えて話せない状態だったりした場合は、自分のチーム内だけの問題にしないで、しかるべき上司や部署に相談しなければなりません。

チームを統括する自分自身が訴えられた場合は、被害者が信頼するメンバーに事情を聞き取ってもらいましょう。この場合も、問題がなかなか収まりそうもないと判断したら、思い切って自分から人事などに話を上げるようにします。

自分だけで収めようとして、状況をさらに悪化させると、問題は一層大きくなってしまいます。いざというときの初動は、絶対に誤らないようにしてください。

ハラスメントが起こらないためのチームづくり

ハラスメント対策は重要ですが、第7章までに書いてあることを実行していれば、部下との強い信頼関係が築けるので、基本的にハラスメントは起こりません。

ただし、テレワークという新しい働き方が大きなストレスになり、マインドパワーが著しく低下している人の場合、ちょっとしたことにも敏感になっています。このため、本来はハラスメントと呼べる状況ではなかったとしても、本人はそう受け止めてしまうことがあります。

部下がこういった状態にならないように、日ごろから気をつけなければいけません。モニター越しの挨拶ひとつとっても、ヘルスチェックをしてちょっとした変化に気づくことは可能です。

下を向いてばかりで不安そうだ、落ち込んでいるのではないか、といったように感じた場合は、こと細かくフィードバックすることは控えるのが賢明です。チーム全員がそろうオンライン会議ではなく、1対1でつながった際に「何か困ったことがあるのかな」と優しく話しかけてみましょう。

本人の精神状態が下がったときにハラスメントは起こりやすいので、早く立ち直るように促して、問題が発生するのを予防することが大切です。

フィードバックで落ち込ませないようにするには、サンドイッチにして伝えることがコツ。改善点という「具」を、感謝や期待といった「パン」で挟むのです。

「いつも真面目に取り組んでくれてありがとう」という感謝から入り、「ただ、今回はこうしたほうが良かったね」と改善点を伝えて、「次から気をつけたらもっと良くなる。期待しています」と期待を込めて締めるようにします。

小さなチームに分けている場合は、それぞれのリーダーにもこのサンドイッチ方式でフィードバックを伝えるようにしてもらいましょう。

また、たとえ入社したての部下であっても1人の人間として尊重し、人格否定は絶対にしてはいけません。

こうした気づかいのあるフィードバックを心がけると、改善点を伝えられても悪い感情は湧かないので、基本的にハラスメントが起こることはないでしょう。

最後に、再発防止ということも重要です。

ハラスメントは当然、ほかの部署で起こることもあります。そして、他部署で発生した不祥事の類は、困ったことになかなか伝わってこないのです。

部署異動がある会社では、かつてハラスメントを起こした人が、自分のチームに移ってくることもあるでしょう。こうした場合、また同じことを起こす可能性がありま す。過去のケースがわかっていれば、チームのマネージャーとして適切な対応ができますが、わかっていなければ手の打ちようがありません。

再発防止を考えるうえで、発生例をマネージャーには伝えるという仕組みも、会社として検討したほうがいいでしょう。

著者紹介

片桐あい

人材育成コンサルタント産業カウンセラー。
カスタマーズ・ファースト株式会社代表取締役。
日本オラクル株式会社サポート・サービス部門に23年勤務し、社内の人材育成を担当。延べ1500名の育成に携わり、外資系IT業界で成果を出し続ける。卓越したコミュニケーション能力・問題解決能力を武器に2013年に独立し、企業研修講師となる。年間約120件登壇し約2500名の育成に従事。また、人材育成コンサルティングで延べ3400名のカウンセリングでの育成にも貢献している。マネージャー育成と強い若手社員の育成に定評がある。

テレワークで部下《ぶか》を育《そだ》てる

2021年2月1日　第1刷

著　者　片桐《かたぎり》あい
発行者　小澤源太郎

責任編集　株式会社 プライム涌光
電話　編集部　03(3203)2850

発行所　株式会社 青春出版社
東京都新宿区若松町12番1号 〒162-0056
振替番号　00190-7-98602
電話　営業部　03(3207)1916

印刷　中央精版印刷　　製本　大口製本

万一、落丁、乱丁がありました節は、お取りかえします。

ISBN978-4-413-23189-3 C0095